Georg Fox
Dòò bischde Pladd!
Geschischdscher unn Gedischdscher

Georg Fox

Dòò bischde Pladd!

Geschischdscher unn Gedischdscher

Edition Bucherbach

Bibliografische Information der Deutschen Nationalbibliothek:
Die Deutsche Nationalbibliothek verzeichnet diese Publikation in der
Deutschen Nationalbibliografie; detaillierte bibliografische Daten sind im
Internet über http://dnb.dnb.de abrufbar.

Impressum
© 2020 by Georg Fox, Püttlingen
edition-bucherbach@t-online.de
Lektorat und Layout: Readygood
Drucktechnische Beratung: Layout&more, Illingen
Herstellung und Verlag: BoD – Books on Demand, Norderstedt
ISBN:978-3-7526-0669-0

Inhalt

Statt eines Vorwortes	9
Saarlandliedsche	10
Bei hellem Daach se Naachd gess!	12
Endlisch nimmeh schaffe gehn!	13
Die Aarwed	14
Die ald Buggs	16
Billischtigged nòò Parris	17
Fròò nidd sevill!	19
Es Wunner vum Wasser in Wein	20
Aldschdadd-Òòmend	22
Bladd schwäddse in Brassielje!	24
Das wääs nidd jeeder!	25
Schaffe iss e Haufe Aarwed!	26
Kunschd vun A-Z	29
Friehjòhrsmonduur	30
De Ooba	32
Bucherbach-Ballaadsche	33
Uffem Droddwaar	34
Gliggsglee-Limmerigg	34
Endlisch frei	35
Heggsenaachd	36
Unn manschmò naachds	37
Verlòòr	38

Unnerm Aadolf …	39
Deddsemberliedsche	41
Fier die Kadds!	44
Mach jò kä Dinger!	46
Gudd geräddschd!	49
Jeeder hadd sei glääner Himmel!	50
Kabbiene-Geschbrääsche	51
Männeraarwed!	52
Ääne raache…	55
Middem Kobb geesche die Wand!	56
Mid ohne Eifoon gehd niggs!	59
Uffreeschung iwwer die Dseidung	61
Wann mer mennd, dass mer ääner kennd!	62
Mid Fregg unn Flemm dehemm!	63
Gardienebreddischd fier e verdrähder Massigg!	65
Glee, Beddsääscher unn e bissje Graas!	66
Frieher Friehling	68
Freibaad-Geschbrääsch	68
Werf niggs dse weid furd!	70
Bis wääs Godd woohin weid wegg geflòò!	71
Was nidd needisch gewään wäär!	73
Niggs wie Zòòres mid der Dseid!	76
Kaddsejammer middem Ällergenn!	82
Wäänsches-Ballaawer	85
Ordnung mid der Dseddelwirdschafd!	86

Sunnwendnaachd unn Summergligg!	87
Gudd geschwiddsd!	89
Lääwe wie e Wadds!	90
Glòòr Weld!	92
Rään in Boose	94
Alles verschdruddeld	96
Die leddschde Hòòr vum Jòhr!	97
Na dann, Broschd Neijòhr!	100
Simmeliere unn fillesefiere	101
Faasebòòdse	104
Aktuelle Veröffentlichungen	107
PRESSESTIMMEN	108

Statt eines Vorwortes

Experten schätzen vor allem wegen des Borkenkäferbefalls werden Ende dieses Jahres rund 400.000 ha Deutscher Wald verloren sein- eine Fläche fast doppelt so groß wie das Saarland.
(Frontal21 ZDF 19.05.2020)

Schwarm so groß wie das Saarland: Heuschreckenplage zerstört Ostafrikas Felder. Experten sprechen von einem "beispiellosen Zerstörungspotenzial" und warnen vor einer Hungersnot. Ein Schwarm in Kenia mit Hunderten von Millionen von Insekten sei etwa 2400 Quadratkilometer groß - fast so groß wie das Saarland.
 (ntv 23.01.2020)

Ein riesiger Eisberg, doppelt so groß wie das Saarland, hat sich vom Larsen-C-Schelfeis am Südpol gelöst. Doch Aufnahmen der Nasa zeigen: Der Koloss schrumpft, mehrere Teile sind bereits abgebrochen. 28.07.2017, 18.14 Uhr Es ist einer der größten Eisberge, der je dokumentiert wurde.

Das Öl schießt 60 Meter hoch. Darüber bildet sich eine Gaswolke. Stündlich treten rund 170 Tonnen Öl und Erdgas mit einer Temperatur von knapp 120 Grad aus. Auf dem Meer treibt mittlerweile ein Ölteppich, der so groß wie das Saarland ist. (WDR 22.04.1977)

Sie können auch ohne Test wieder in das Saarland einreisen, unterliegen jedoch der Quarantäneverordnung. Bei Einreise aus einem Risikogebiet müssen Sie sich dann auf direktem Wege nach Hause begeben und bei der zuständigen Ortspolizeibehörde melden.
(15.09.2020 | Ministerium für Soziales, Gesundheit, Frauen und Familie | Gesundheit)

Saarlandliedsche

Dò hann geweggseld die Nadsjoone.
Mier sinn e Grensbalge-Regioon.
Mer waar mò Deidsche mò Franzoose,
im Griesch waar hie die Roode Dsoon.

Nie waar es Lääwe fier die Leid
so rischdisch äänfach unn begweem,
dief hann die Sòòrje ofd gedriggd.
Fiers Schaffe muschd mer auswärds gehn.

Als Maasäänhääd fier Kaddaschdroofe-Dregg
hadd mer es Saarland gäär geholl.
Mid Eel im Meer als grooser Flegg
hadd mers verglisch verheisungsvoll.

Unn isses Land aach nuur so glään.
Mier hann nie ebbes iwwerdrieb.
Eggaal, was fiere Dseid gewään,
feschd uffem Boddem iss mer dò geblieb.

Warrum mier dò so gääre wohne,
das saad es Herds unn de Verschdand:
Es Saarland iss fier allgaar nidd so ohne,
unn mier sinn Fääns vun dò demm Land.

Weldweid hadd mer schunn vill gesiehn,
was wunnerbaar unn scheen aach waar,
doch iss mer droddsdeem nimmeh weggsegrien
aus unserm Ländsche an der Saar.

Weil wann mer uff die Saarschleif guggd,
unn uff de Schaumbersch grawwle kann,
wann mer am Ludwischsbladds mò huggd
odder am Maargd vun Sangehann,

dò wääs mer dabber, was hie dsähld:
Wooannerschd iss niggs wie dehemm.
Als Heimaadland hann mier es Saarland ausgewähld.
Sunschd grien mier figgs die Hemmweh-Flemm.

Bei hellem Daach se Naachd gess!

„Lischdmess" hann die Saarlänner schunn immer e bissje annerschd gesiehn als wie sunschdwoo: Mer hadd sisch driwwer gefreid, dass jeddse die Daache widder länger sinn. Das iss jò aach gudd geesche die Winderflemm. „Lischdmess - bei hellem Daach se Naachd gess!", saad mer bei uns. Dòòdebei gehds jò nidd nuur drum, wann mer essd. Wischdisch iss, was unn wie mer essd. Die Saarlänner sinn jò so glääne Schmegglegger.
Eischendlisch gebbd Lischdmess gefeiert, weil danne virdsisch Daach nò Weihnaachde rum sinn unn dòòdemid iss mid der Weihnaachd rischdisch Schluss. Bei uns dehemm hammer gemäänerhand es Bäämsche schunn nò Dreikeenischsdaa furd geraumd, weil mer jò Bladds hadd schaffe misse fier die Faasend unn iwwerhaubd... Wann dehemm noch e paar Bläddsjer iwwrisch waare, hadd mei Mudder immer im Jannewaar so e Fanillje-Pudding gemach, woo die leddschd Weihnaachdsbläddsjer drunner gemuddscheld waare, dass die aach reschderdseid verdòòn genn sinn, bevòòr die erschde Faasekieschelcher aan die Reih hann känne kumme.
„Darstellung des Herrn im Tempel und Reinigung der Jungfrau Maria" hadd mer frieher algebòdd fier Lischdmess gesaad. Dò kannschde mò siehn, dass dòòmòòls doch alles gaar nidd so gans sauwer gewään iss. Jeed Mudder hadd middem neie Kinndsche erschd rischdisch gereinischd genn misse unn das aach noch in der Kirsch! Kannschd froh sinn, dasses so ebbes heid nimmeh gebbd!
Bei de Kaddeligge gebbd aan Lischdmess aach noch de Blaasjuss-Seesche gefeiert. Eischendlisch geheerd der aan de dridde Feebruaar, awwer mer hadd gemäänerhand die dswei Feschdscher sesamme geschdobbeld. De Blaasjuss hadd aach ebbes middem Esse se duhn gehadd. Der iss gudd gewään fier wann der beim Esse e Fischgrääd im Hals schdegge geblieb iss.

Middem Seesche kann dò niggs meh bassiere, saan se! Das wäär so e Abbdääd fiers ganse Jòhr wie beim Wiere-Skänner. Jeedefalls kummd de Herr Baschdoor mid dswei Kerdse, die sinn iwwergreids. Unn danne gebbd vòòr jeedem kurds gebääd unn gudd iss fier das Jòhr. Wanns helfd, warrum aach nidd? Naddierlisch gebbds heidsedaach bei de Kerdsemacher schunn egsdra Blaasjusskerdse, die sinn midnanner verdswirweld unn dò muss de Herr Baschdoor nimmeh achdbasse, dasses Waggs versuddeld gebbd unn uff de Kiddel dribbsd. Mer muss sisch nuur se helfe wisse!

Endlisch nimmeh schaffe gehn!

„Wie lang muschde noch gehn?", hannse die leddschde Jòhre allgebodd gefròòd, wie als wann mers nidd erwaade kinnd. „Noch bis Finfeseschdsisch? Fier was so lang? Bischde nidd grangg genungg?" Jesses, was hadd mer schwadduddeld, wie schleschd mer aussiehn gääd unn es wäär jòò eischendlisch Dseid! Dò haschde gesaad, dasses dier gans dussma schleschder gehd unn dass de aach das ään odder anner schunnemò vergeschd, demidd die aarm Seel Ruh gehadd hadd.
Irschendwie bischde rischdisch wurres genn: Wannde um disch rum geguggd haschd, waare all annere schunn längschd in Rende gewään, woomeschlisch soggaar inn der Pangsjoon. Beinäggschd haschde gemennd, de wäärschd der äänsische, woo iwwerhaubd noch schaffe gehd. Awwer äänes Daachs isses sowweid gewään: Dei Rendebeschääd iss kummd unn de bischd eischendlisch baff gewään. So figgs haschde gaarnidd gereschned, dasser kummd! Dò haschde gemergd: Jeddse gebbds ernschd!
Vun demm Daach aan hann se dier als e gudder Ròòd genn, was de denòò mache kannschd. De meischd hannse dei Fraa

bedauerd, weil die disch jòò jeddse schdännisch dehemm hadd. Die erschde Daache hannse so e bissje gefroddseld: „Hadd Deiner schunn die Dellere unn Dasse im Schrangg umgeschdelld? Laafd der dier allgebodd in de Fies erum? Kummschde noch dse ebbes, woo Deiner jeddse dehemm iss?" Dò bischde schunnemò häämlisch bei deiner ald Aarwedsschdell verbei gang fier dse gugge, ob alles in Reih iss. De liebschd wäärsche widder schaffe gang, dass se endllsch mòò uffheere, dei Fraa dse bedauere. Dòòdebei haschde disch doch eischendlisch freie wolle uff die Rende!

Die Aarwed

"Uff" der Aarwed
bin isch
allseilääwe gewään.

Awwer die Aarwed
waar all die Jòhre
iwwer mier,
nääwe mier,
vòòr mier
unn hinner mier.

"Uff" der Aarwed
bin isch all die Jòhre
nie gewään.
Isch bin
jeeder Daach nuur
middedrin geschdann!

Saarlännisch Baufillesefie: Ääns kummd dsem annere!

Leddschdens hadd de Hennes nääwem Heisje so e glään Baggersche gehadd. Das hadder sisch beier Firma ausgelieh, fier dò die Wies se blaschdere, dasser sei Audo druffschdelle kännd. Unn danne issem iwwer der Aarwed die Idee kumm, e Kaarbord dse baue, demid sei beschd Schdigg nidd im Rään odder woomeeschlisch im Winder soggaar im Schnee schdehn missd. Graad wiejer debei waar, die Fundammende ausdsebaggere, hadd de Nochber dsum gesaad, mer kännd jò aach noch drumerum dsuumache, fier dass naachds nidd die Schbiddsbuuwe aan sei Audo gehn gääde unns veleischd vergraddse, womeeschlisch irschendebbes rumfummle odder sunschd ebbes ausbaldoowere.

Was soll isch dier saan: Dswei Wuche schbääder hadd nääwem Haus e Karraasch geschdann middem ellegdrisch Segderaaldoor unn allem drum unn draan. Wie de Nochber das gesiehn hann, hadd er gefròòd, ob mer das so mierniggsdierniggs mache dirfd weeschem Baublaan unn so. Kännd jò sinn, dass mò ääner vum Amd kummd! Dò hadd de Hennes gemennd: Mer kännd jò nidd fier alles fròòe, aam End wollde die ääm noch e Gliddsje schdelle unn Grimmel in de Kääs mache unn hinnerhäär dòòfier, dasse midgeschwäddsd hann, noch Gebiehre kassiere.

Kaum drei Moonaad schbääder iss awwer daadsäschlisch ääner vum Amd kumm, unn hadd wisse wolle, wieso dò e Karraasch schdehd. Dò hadd de Hennes gesaad: Ei die hädd dsem Haus geheerd unn ob mer gemäänerhann beim Haus kä Karraasch hädd? Unn iwwerhaubd: Dòòmòòls vòr Jòhre, wiejer sei Heisje geblaand hädd, hädder schunn uffem Amd gesaad, dass nääwens e Karraasch hinkummd, awwer dòòmòòls hädder noch kää Geld unn aach noch kää Audo gehadd. Jeddse wäär se ääwe dò unn gudd wäärs!

Leddschd hann isch de Hennes gedroff unn wolld wisse, wie die Sach ausgang iss. Was soll isch saan: Der vum Amd hadd

gesaad, Dò kännd mer jò jeddse niggs meh mache! Awwer wanner nòmmò e Karraasch baue dääd, danne missd vòrhäär gefròòd genn.
Dòòdebei hadd mer de Hennes schunn unner der Hand gesaad: Näggschd Jòhr baud er noch im Gaarde aan die Karraasch e Schubbe aan. De Bagger hädder schunn beschdelld. Unn Seins hääd gesaad, wammer dann graad mò debei wäär, kännd mer aach noch uff die Karraasch e Balgoon mache unn drumerum e Windergaarde.

Die ald Buggs

Am Kellerhaage hängd se, die ald Buggs. Nimmeh gudd genuch, fier aansedsiehe, awwer immer noch gudd fier e Schaffbuggs. Die dòò ald Buggs - wääschde noch, wie mer se kaaf hann in Saarbrigge. Unn isch wolld se de erschd gaar nidd hann, weil se iwwer die Bään als so geschdremmd hadd. Unn danne haschde gesaad: "Holl se mid, das grien mer hin!" haschde gesaad!
Am Bauch haschde schbääder die Gnäbb verseddse misse, weil se die in der Fabbrigg se eng aangenähd hann. Dass die aach immer die Gnäbb so eng nähe, woo die Leid doch all e bissje digger genn sinn unn die Buggse weider brauche!
Unn danne hadd se doch denne Sòòseflegg gehadd, der nimmeh rausgang iss. Dòò hann isch doch immer de Pulloofer driwwer gedsòò, wammer fier gudd weggang sinn.
Unn äänes Daachs haschde de Umschlaach aan de Bään abgeschnied, weil dòòmòòls nuur Buggse mid ohne Umschlaach modern gewään sinn.
Die ald Buggs! Dòò haschde doch sellemòòls die Bundfalde ringenääd, wie isch so grangg genn sinn unn abgeholl hann wie Rabbskaader. Schbääder haschde se danne widder rausgeloss.

Jòò die ald Buggs! Eischendlisch hadd se sisch bedsahld gemach, iss reeschelreschd mid ääm dursch Digg unn Dinn gang, nuur mò so gesaad. De wollschd se jòò schunn dsem Glääwdersammle genn, wann isch nidd gesaad hädd: "Gebb se nuur jòò nidd häär, das iss mei ald gudd Buggs, mei gudd Buggs, die beschd Buggs, die isch jeemòòls gehadd hann. Die iss immer noch als Schaffbuggs gudd.
Unn dòò hammer se in de Keller gehang - dsuu denne annere Schaffbuggse! Seiddemm hann isch se eischendlisch – wann mers rischdisch holld - nimmeh aangehaad.
Awwer was gääde aach die Leid saan, wannisch mid der dòò gudd Buggs im Gaade schaffe gääd?!

(1.Preis Saarl. Mundartwettbewerb, Goldener Schnawwel)

Billischtigged nòò Parris

Ruff uff de Bahnschdeisch, ninn in denne schnelle Dsuuch unn ab nòò Parriss. Gans so äänfach waars naddierlich nidd gewään. Erschd hannisch im Indernedd meh wie dswei Schdunne erumgesuuchd, wo danne das Billischtigged verschdobbeld gewään iss. Muschd nidd menne, dass der so ebbes vòòr die Aue geflòò kummd wie der die gebròòdene Dauwe in die Schniss flieje. Wie mier danne nòò Saarbrigge gefahr sinn, hadd mei Fraa noch gesaad: "Wanns nidd glabbd, känne mer jò in Saarbrigge e bissje dursch die Geschäfder scheese gehn unn danne widder hemmfahre, nidd dass mer e Meddsjergang gemach hann."
Mier waare reschderdseid uffem Bahnschdeisch, dass kääner kunnd saan, der Dsuuch wäär nuur nidd gefahr, weil mir nidd beidseide dòògewään sinn. Naddierlisch hann mer all die Dseid danne uffem Bahnschdeisch verblemberd, die wo mer eischendlisch middem schnelle Dsuuch nòò Parriss wollde schbaare. Unn

danne isser gans dussma gefahr kumm, unn mier sinn figgs in de Waggong ninn unn hann aach daadsäschlisch de Bladds gefunn, wo uffem Fahrschein druffgedruggd gewään iss. Mer wunnerd sisch jò schunn, wie die das doch so wisse, was die Leid fier Blädds hann! Kaum haschde gehuggd, isses lossgang, awwer gans dussma, weil de Dsuuch in Fòòrbach gleisch widder halle muss. Dò sinn dann die ganse Fransoose ingeschdie. Unn danne iss de Schaffner kumm unn hadd sisch es Billischtigged angeluud unn gegnibbsd. Gesaad hadder awwer niggs unn kää bees Gesischd, wo mier doch so weenisch bedsahld hann.

Danne isses erschd rischdisch lossgang. Die Audos nääwens uff der Audobahn hann nimmeh känne midhalle. Mid äänem Mòò schdehd iwwer der Dier 320 Killemeeder. Dò hadd ääner gesaad, das wäär de Killemeederdsähler, wie schnell mier graad gängde fahre. Unn schwubbdiwubb bischde uffem GaardeLässd gewään. Raus ausem Dsuch, rinn in die Meedro. Mier waare beinäggschd schneller uffem Schangselissee wie de Pidd, wanner vun Saarbrigge nòò Wemmedsweller fahrd.

In Parriss waare danne lauder Fransoose. Mier hann versuchd, e bissje Franseesisch se schwäddse, awwer die hann das nidd rischdisch verschdann. Schbääder waare mer dann noch aam Piggall, awwer das iss e anner Geschischd. Dòòdenòò simmer widder dabber uff de Bahnhoof, weil die jò mid demm schnelle Dsuuch nidd uff disch waarde. Die fahre uff die Minnudd ab, aach wann nidd all Leid dòò sinn. Alles hammer gesiehn in Pariss, segaar de Eiffelturm. Dò simmer awwer nidd druff gewänn, das heewe mer uns uff fiers näggschd Mòò.

Gans nääwebei: Wann es Billischtigged deirer gewään wäär, wäärs in Parriss nidd graad so scheen gewään! Nuur mò so gesaad! Unn ääns muschde der mergge: In Parriss gebbds kää Ludwischskirsch, kää Sangehanner Margd unn kää Roschdwurschbuud. Wammers rischdisch holld: Die hann dord aach nidd alles!

Fròò nidd sevill!

Wie isch noch glään gewänn bin, hann isch allgebodd alles wolle wisse. „Was schaffd de Niggelòòs iwwers Jòhr, wann kää Weihnachde iss? Hann die Kinner am Nordpol aach Hiddsfrei? Verschreggd sisch die Tande Elli, wannse sisch im Schbischel sidd? Gebbds fier Hemmweh Pille? Schwäddse die Kinner in Affrigga wie mier? Iss e Oggs de Onggel vumme Schdier unn de Padd vun der Kuh?"
Meischdens iss meiner Mudder die Fròòerei uff die Maggroon gang odder se hadd aa kää Andword gewuschd. Mei Mudder hadd danne immer gesaad: „Hall die Lufd aan!" „Wie gehd das, wann mer die Lufd aanhalld?", hann isch gefròòd? „Ei graad so wie im Schwimmbegge, wann mer unner Wasser schwimmd!", hadd mei Mudder gesaad. Isch hann die Lufd aangehall, awwer das hannisch nidd so lang gekunnd, weil isch jò noch glään gewään sinn.
Wie isch danne widder mei Fròòe geschdelld hann, hadd mei Mudder gesaad: „Fròò nidd dsevill, sunschd fròòschde mer noch e Loch in de Bauch." Unn weil isch mier dass gans furschber vòòrgeschdelld hann, wann mei Mudder mid lauder Läscher im Bauch erumlaafd, hann isch dabber fier e Dseid mid der Fròòerei uffgeheerd. Awwer das hadd gaarnidd lang gedauerd, wo isch widder ebbes wisse wolld. „Wie gridd die Ooma, die graad geschdorb waar, im Sarsch es Òòmendesse?" „Kummd de Bägger Wannemacher, wanner in de Himmel kummd, dord in die Bäggerei?" „Iss de Herr Paschdoor schbääder aach Ooba, selbschd wanner kää Enggelscher hadd?"
Äämòò, wie isch gefròòd hann, wo die glääne Kinner häärkumme, haddse gesaad: „Das muschde mò dei Babbe fròòe, der wääs das besser wie isch, weiler schummò middem Fluuchdseisch geflòò unn im Griesch in Russland gewään iss."
Isch hann also de Òòmend mei Babbe gefròòd, unn der hadd mer vergliggerd, dass die Kinner vumme Glabberschdorsch

gebrung genn. Unn wann mer uff die Finschderbangg e bissje Dsugger leed, gridd mer e Määde gebrung unn wann mer Sals druff schdraud, gebbds e Buubsche.

Isch hann in de näggschde Daache es halwe Salsfässje läär gemach unn die Finschderbangg waar gans weis vòòr lauder Sals, awwer bei uns iss niggs bassierd. Nuur bei de Nochbere iss kurds druff e Buubsche gebòòr genn unn isch hann geheild, weil de Schdorsch sisch In der Hausnummer verdòòn hadd. Wie mei Mudder die Geschischd midgridd hadd, hadd se misch in de Arm geholl unn gesaad, dasse es näggschd Mòò, wann se de Schdorsch nochemò dreffe gääd, mò middem schwäddsd. So ebbes gääd sisch nidd geheere, dass mer ebbes beschdelld unn e annerer bekääm das dann geliwwerd.

Isch hann dòòdenòò noch e gans Reih Geschwischder gridd, lauder Määde, unn mei Mudder hadd gesaad, das wäär desweeje, weil isch schunn es ganse Sals verschdraud hädd unn jeddse wäär nur noch Dsugger dòògewään fier uff die Finschderbangg. Awwer das hann isch danne aa nimmeh geglaabd. Mei Freind hadd mer nämlisch verdsehld, dass es in Saarbrigge e Geschäfd gääb, das gääd Kinnerkaafhaus heische, wo mer sisch die Kinner kännd kaafe. Unn so ebbes hann isch danne ehrer geglaabd als wie die bleed Geschischd vum Dsugger unnem Sals.

Es Wunner vum Wasser in Wein

Das waar dòòmòòls gewään, gleisch nòòm Griesch, wie die Kinner noch nidd so glewwer gewään sinn wie heid. Isch waar so e Gnägges vun drei odder vier Jòhr gewään unn mei Bruuder waar schunn in der Schuul unn hadd immer e bissje meh gewissd wie isch. Im Rellischjoonsunnerrischd hann die dòòmòòls die Geschischd vun der Verwandlung vum Wasser in de Wein gelehrd. Das hadd awwer mei Bruuder nidd wolle glaawe, wie dòò de Herr Jeeses ausem Wasser de Wein gemach hadd. Unn weil mei Vadder unn mei Mudder fromm waare, hann se gedenggd, dass das nidd gehn kännd, wann e Kind nidd glaabd, was in der Biebel uffgeschrieb genn iss. Dò hadd mei Vadder all Kinner die Wandlung vum Wasser in de Wein mò rischdisch demmenschdriere wolle.

Jeede Sunndaa, wann mier dsem Middachesse sesamme gehuggd hann, hadd mei Vadder allgebodd fier die Mudder unn fier sisch e Glääsje Wein ausgeschudd. Danne hann die Kinner gemäänerhann bei uns e Glääsje Gänsewein gridd, dasse aach ebbes im Glaas gehadd hann. Das waar immer gans gewehnlisches Schbruudelwasser gewään. Denne Sunndaa awwer waar mei Vadder vòòrhäär häämlisch hingang unn hadd in die Schbruudelflasch, wo de Schbruudel ohne Geschmagg drin gewään iss, Dsiddrooneschbruudel ringeschudd. Dò hadd mer danne schun beim erschde Schlugg gemergd, dasses dissmòò nidd nuur Schbruudelwasser gewään iss, was mier dò dringge. Das hadd jò rischdisch e sieser Geschmagg gehadd.

Mei Vadder hadd sisch niggs aanmerge gelass, hadd danne aach de Gänsewein browwierd unn hadd gesaad, dass de Wein e bissje sies schmeggd, awwer nidd schleschd, das missd wohl Dsiddroonewein sinn, wo dò jeddse ausem Schbruudel genn iss, weil mier vòòr em Esse gudd gebääd hädde. Dò hädd de Herr Jeeses mò gedenggd, es wäär mò widder aan der Dseid, e Wunner se wirge.

Unn mier hann de Dsiddroonewein all mid Aandachd gedrungg, weil mier gedenggd hann, dass de Herrgodd näggdschd unner uns wäär, was jò – wann mers rischdisch holld – aa so gewään sinn muss, weil mei Babbe gesaad hadd, dass de Herr Jeeses kummd, wann dswei odder drei sesamme kumme, danne wäär er middemang debei.

Mier hann iwwerall im Dorf verdsähld, dass bei uns e Wunner bassierd wäär, unn de Herr Baschdoor hadds nidd wolle glaawe. Er hadd dse meim Bruuder gesaad, er solld kää so

dumm Dseisch verdsähle unn wanner nommòò devun aanfange dääd, dirfd er nidd dser Kommenjoon gehn.
Mei Bruuder hadd em awwer dann schbääder die gans Sach hemmgedsahld, wierer nòò der Kommenjoon Messdiener genn iss. Der hadd de Messwein ausgedrungg unn hadd danne in das Fläschelsche vum Messwein Weihwasser ningemach.
Unn dòò hadd de Herr Baschdoor in der Mess de Kelsch graad so gedrungg, wie wenn das wirglisch Wein wäär. Naddierlisch kännds awwer sinn, dass daadsäschlisch graad nommò so e Wunner bassierd iss, unn de Herr Baschdoor hadds aach dissmòò gaanidd midgridd, wääs mers?
Isch hann dòòmòòls nuur gedenggd: „Das hadder ääwe gehadd – vun seim Unglaawe! E Wunner bassierd, unn nuur de Herr Baschdoor gridds nidd mid!"

Aldschdadd-Òòmend

Die Sunn iss längschd schunn unnergang.
Gans dussma duhd am Aldschdadd-Maargd
e schbääder Daach de erschde Funsle weische.
Mid groose Fies schlurfd danne mied
de friehe Òòmend iwwer Blaschderschdään
unn duud es leddschde Daacheslischd verscheische.

All Sunneschirme sinn jedds inngeholl,
unn lääre Dellre schdehn – vergess unn läärgess –
uff so manschem Disch, woo Migge griwwelisch
im ganse Raum aan Kuuchegrimmel pigge,
wanns ringserum nò längschd gedrunggnem Kaffee difd.

Im Kaffeehaus uff schwääre Polschdersessel hugge
die Leid mid Langeweil - unn gans fier sisch elään,
woo se vun Dseid dse Dseid mò in die Dseidung gugge,
derweil e Fliescher himmelweid sei Schleife fliehd
unn dòòdebei mid weise Schdreife
es Firmemend vergròòdseld iwwerm Schdaddgebied.

Heid lääsd die Dseidung kääner meh, gans schnell
verschwinne all Brobleeme im Babbier-Kondääner.
Doch als Gefahregwell dsuu dier eriwwer in die Gweer
schwabbd ausem Fernseh jedds e groose Well
mid Flischdlingsboode häär vum Middelmeer.

Veleischd hann se die falsche Dseid gewähld,
woo schunn die Schdiehl uff Dische nuff geschdelld
unn hinnerm Dreese gebbd die Kass gedsähld.
Es Aldschdadd-Kaffee hadd ball dsuu gemachd
wie jeeder Òòmend dò,
um kurds nò Achd.

Bladd schwäddse in Brassielje!

„Muss der Kerl danne allewei Bladd schwäddse, kann der kä Hoochdeidsch?!" So ebbes hann isch schunn äfder geheerd. Dòòdebei verschdehn mansche Leid äänfach nidd, dass mer Bladd eischendlisch schunn vill länger schwäddsd als wie Hoochdeidsch. Erschd isses Bladd gewään unn danne hadd mer so gans dussma es Hoochdeidsch erfunn. Sellemòòls hannse gedenggd, dass ball all Leid nuur meh Hoochdeidsch schwäddse gääde. Awwer es Bladd iss nidd unnergang, glaabs nidd! Meh wie 100 Jòhr browwiere die Schuulmeischder, de Kinner nuur noch Hoochdeidsch beidsebringe. Fier die Kadds! Es Bladd gebbds immer noch! Unn warrum? Gans äänfach: Weil die Leid äänem ebbes middem Bladd vergliggere känne, was mer Hoochdeidsch nidd graad so gudd saan kann. Das gehd ääm äänfach besser vun der Dsung.
Im Saarland iss Bladd so e gans schbedsjell Sach: Dò gebbds dswei Schbròòche, es Moosel- unn es Rheinfränggische. Droddsdemm grien die kä Grach midnanner, mer kabbeld sisch veleischd mò e bissje, awwer nidd meh. Die Schbròòche sinn jò vill älder als wie all die bolliddische Grense: In Loddringe schwäddsd mer es Saarbrigger Bladd unn das aach bis uff de Hunsbuggel unn weider.
Leddschd hann isch e Fraa gedroff, die iss aus Brassielje kumm. Was soll isch der saan: Die hadd Hunsrigger Bladd geschwäddsd unn gesaad, in Brassielje gääde heid noch meh wie drei Miljoone Leid Bladd schwäddse. Das sinn die Uuruurenggel vun de Auswannerer, die heid in Brassielje lääwe unn als Mudderschròòch Bladd babbele. Fròò nidd wie! Mer kanns faschd nidd glaawe: Dò kinnschde nò Pordo Alleegre fliesche unn dord schwäddse wie dehemm.
Es iss jò schunn glòòr, wann dord die Kinner schdadd Pordegiesisch erschd mò es Hunsrigger Bladd lehre - dsehndausend Killemeedre wegg vun hie. Dò missd mer gladd

mò Feerie mache! Derweil hann die Broffessoore rausgefunn, dass –wo Kinner Bladd unn Hoochdeidsch schwäddse- die Kinner schlauer wääre, ääwe weil se so ebbes hingrien: Dswei Schbròòche unn genau wisse, wann se welli Schbròòch schwäddse.
Fier misch isses Bladd so e bissje Geheischnis. Unn isch saan aach: Es iss so e Seele-Schbròòch im Saarland. Isch hann das mò innem Gedischd geschrieb: „Hoochdeidsch kummd ausem Kobb, awwer Bladd kummd ausem Herdsje!"

Das wääs nidd jeeder!

Es iss, wies iss: Was mer will, will mer, was mer hadd, hadd mer, was mer wääs, wääs mer! So saad mer bei uns, wann ebbes iss, wies iss unn wanns bleibd wies iss - die gans glään Saarland-Fillesefie – dsem Midschreiwe, fier de Buggsesagg unn iwwerhaubd: Rischderaus gesaad unn gudd iss!
Mier sinn, wie mier sinn unn mier bleiwe, wie mier bleiwe. So sinn die Saarlänner, nidd annerschd! Mer saad, was mer saad unn mer duud, was mer duud. Nidd sevill unn nidd se weenisch! Mier schaffe bei uns so vill, wie mer muss unn so weenisch wie mer kann, will heische, so vill wie mer kann unn so weenisch wie mer muss. Das isses, was dsähld: Nidd sevill unn nidd se weenisch! Immer die Midd finne unn nie drunner- unn driwwernaus gehn! Danne bischd e rischdischer Saarlänner, wannde das geschnalld haschd. Bei uns genn Leid, die kää Dseid hann fier niggs dse duun, schief unn schebb aangeguggd. Mer muss aach mòò Finf graad sinn lasse, aach wann de Finfer kää graade Dsahl iss. Kann se ebbes defier, die Finf? Nää! Känne die Saarlänner ebbes defier? Also! Es iss hald graad so kumm, dass die Finf nidd graad iss unn dswische die Vier unn die Seggs gemuddscheld genn iss. Soll mer se dòòdefier grumm holle? Im Lääwe nidd! Mer muss aach die Finf

mòò graad sinn lasse, weenschens so e bissje. So iss das im Saarland: Lääwe unn lääwe lasse, die grumme unn die graade Dsahle. Mier känne jeeder brauche, unn wanns nuur fiere schleschdes Beischbiel iss - wie beim Finfer. Das wääs nidd jeeder im Reisch! So sinn se, die Saarlänner: Se wisse, was gudd iss! Unn ääns noch: Wann Schluss iss, iss Schluss! Ferdisch!

Das wääs nidd jeeder!
Wäss jeeder, was jeeder wääs?
Wääs jeeder nidd, was jeeder wääs?
Nidd jeeder wääs, was jeeder nidd wääs!
Wääs nidd jeeder, was jeeder nidd wääs?
Nidd jeeder wääs, was nidd jeeder wääs!
Wääs mers?

Schaffe iss e Haufe Aarwed!

Der leddschd Winder hadd sei Naame jò gaarnidd verdient gehadd: Kää Grimmel Schnee, kää bissje Eis! Dò hadd mer gedenggd: „Wann das dòò de Winder gewään sinn solld, wie guggd danne erschd de Friehling aus?" Unn danne isses gans annerschd kumm. Die gans vòòrisch Wuch hann mier e Sunneschein gehadd, dass es ganse Saarland geschdrahld hadd wie e Baddschäämer. So kammers hann! Fier de Aanfang isses uff jeeder Fall emòò ebbes gewään. Unn all, die wo mer so gudd wie nie drause gesiehn hadd, sinn gans figgs aus ihre Schlubbläscher rauskumm.

Jeeder Daach, wo isch leddschd Wuch vum Schaffe hemmkumm binn, hadd Meins die Hagg unn de Schbaade in der Hann gehall unn gesaad: „Heid gehds dser Sach im Gaarde unn ums Heisje. Soe Wedder kummd so schnell nidd widder!" Mier hann leddschd Wuch de halwe Gaarde umgegraab unn die Wies uff Vordermann gebrung. Die Gaardebangg iss schunn ausem Schubbe geschlebbd genn, die Garneduur middem Disch unn de Sessele hann mier uff sei Bladds geschdelld. Middem Kärscher hann isch es Meiersche abgeschbriddsd, dass mer mòò widder de Beddong rischdisch siehn kann unn nidd nuur es Moos.

De Dsaun iss geschdrisch genn unn es Vòòrdach hann mer dischd gemach, dasses bei Rään jeddse nimmeh dribbsd, wannde vòr der Hausdier schdehschd. Jeeder, der bei uns aam Haus verbeikumm iss, hadd noch es Geschbrääsch gehall unn hadd gesaad: „Wann mier dò ferdisch sinn, kännde mer jò bei ihm dann weider mache." Dò muschde noch aan disch halle, dass de nidd fresch gebbschd! Mier hann die Aarwed beinäägschd all elään gehadd!

Isch hann de Òòmend mei Gnoche nimmeh geschbierd, awwer Meins waar fidd unn hadd schunnemò de Blaan fier de näägschde Daach gemach. Glaab mers: Fier misch hädd der Friehling gääre aach e bissje meh dussma aanfange känne!

Wanns Schiggsaal dsuuschlaad

Beim Waldschbadsiergang nääwens am Weesch - gnallrood unn mid vill weise Tubbe - e Flieschepils gesiehn. Was fier e Gligg (aach wanns jò rischdisch gifdisch iss)! Weider gang unn innem Baam de Mischbeldsweisch schunn fier die Weihnaachd ausgesuuchd, fier dass mer ne iwwer de Dierrahme hänge kann. Kännd jò sinn, dasses dòòdemid in demm Jòhr doch noch ebbes gebbd middem Schäddsje! Kurds denòò em Guggugg gelauschderd unn hurdisch middem Geld geglimberd, weils beim nägschde Loddo danne mid de Dsahle glabbe duud.
E Gleebladd mid vier Blädder, graad soo mò nääwebei uff der Wies gefunn. Dabber gebroch unn dehemm dswische dswei Biescherseide gebressd. Mer kann jò nie wisse, wann mers mò breische duud!
Schbääder im Schdall beim Bauer e glään, rosa Wuddsje iwwer die dsaard Schwaard geschdreischeld unn kurds denòò e rood Gehansbeebsche in der Hand gehall, wie wanns vun der Muddergoddes ausgereschend dirregd bei dier verbei geflòò kumm wäär. Denòò beim Hemmweesch uff der Schdròòs em Schòrschdefeescher so mierniggsdierniggs iwwer de Weesch gelaaf. De Ruus e bissje aan seim Jubbe abgebuddsd, fier dass mer es Gligg aach mid hemm draad.
Hinnenòò noch e aldes Eise vunneme Päärdshuuf gefunn. Graad nääwens uff der Schdròòs leie gesiehn unn dabber uffgehoob. In der Kisch aan die Wand genacheld middem Offene nò òwwe, dasses Gligg aach nidd rausfalle kann.
Òòmends dehemm nò Jòhre inner ald Schachdel beim Uffreime e Penning enddeggd unn gudd aam Geldbeidel gerieb, weil sisch dòòdemid es Mins drin gudd vermehre gääd. Hinnenòò e rischdisch scheen, groose Muschel in die Hand gehoh unn gudd gedriggd. Veleischd emòò aans Ohr gehall, woo mer danne es Meer rausche heerd, dass ääm Heere unn Siehn vergehd.

Kännd sinn, dass mer ball e groos Reis middem Schiff iwwers Meer machd! Wääs mers?
Meh wie äämòò Gligg gehadd denne Daach, awwer glaab mers: Das alles kannschde vergesse unn es nuddsd dier niggs unn widderniggs unn gaar niggs, wann de kurds devòòr es halwe Salsfässje verschudd haschd! Es Schiggsaal mergd sisch sei Leid!

Kunschd vun A-Z

Aunschd Bunschd Cunschd
Dunschd Eunschd Funschd
Gunschd Hunschd Iunschd
Junschd Kunschd Lunschd
Munschd Nunschd Ounschd
Punschd Qunschd Runschd
Sunschd Tunschd Uunschd
Vunschd Wunschd Xunschd
Yunschd Zunschd

Friehjòhrsmonduur

Vun der Pubb die Jagg
ausem Schaufinschder
geholl, browwierd,
aangedsòò unn kaaf.

Wie e Moddel
uffem Käddwei gedraa.
Midde dursch die
Bahnhoofsschdròòs
gelaaf unn sisch
begugge gelass
vun demm unn demm
bis dehemm
vòòrem Schbischel,
woo mer gemergd hadd,
dass ääm das nei Glääd
gaar nidd so gudd bassd,
wie mer gedenggd hadd.

De näggschde Daach
in de Laade brung
unn es Geld serigg geholl!

Iss die FaschdeDseid
wirglisch widder
fier die Kadds
gewään?

Friehjòhr

De Haasel bliehd
unn middaachs wärmd die Sunn,
mer laaf gans figgs
langs uffem Wääsch dsem Wald.
E leises Liedsche
gebbd in der Nadduur gesung,
unn jeeder schbierd,
es gebbd nimmeh so kald.

Die Feldmeis schlubbe raus
aus ihrem Loch,
unn alle Felder bruddse
innem sadde Grien.
De Beddsääscher
gebbd in der Wies geschdoch,
am Horredsond iss schunn
die neie Dseid dse siehn.

In seiner Hehl gebbd selbschd
es Murmeldier hellwach.
Die scheenschde Ende
machd de Erbel
sisch jedds dumm.
Die gwaage uffgereeschd
bei ihrem Neschd am Bach,
unn jeeder schbierd heid,
dass die Winderdseid iss rum.

Woo vòòrhäär alles middem
Newweldunschd vermischd,
verdääld die Sunn
ihr Schdrahle brääd unn weid.

Se falle sachd uffs Land
unn iwwer Bääm unn Bisch.
Baddschäämerlache
draan Gesischder vun de Leid.

Dò breischd mer
kää Broffeed dse sinn,
mer kennd die Dseische
vun der Dseid.
Wann kääner meh
im Haus bleibd drin,
wääs mer, was kummd,
bescheid.

De Ooba

De Ooba machd de Gaarde
unn schoggeld es Glään,
wann se kää Dseid hann.

De Ooba kehrd die Schdròòs
unn es Drodwaar,
wann Samschdaach iss.

De Ooba gebbd Saggeld -
so mò nääwebei,
wanns nidd gans reischd.

De Ooba saad manschmò
dsuu mer gans leis:
"Kumm, geh mid mer
dsem Graab
vun der Ooma."

Bucherbach-Ballaadsche

Wann òòmens schbääd, näägschd Middernaachd,
die braave Leit schunn längschd dehemm,
dò flaggerd nääwens annem Bach
e gläänes Feier - blòò unn schwach
unn kääner wääs, was das soll genn!

Dò dreffe sisch die Schdruwwelpeeder,
dedsuu kummd dann de Maldidds noch geridd
uff seiner Wildsau samd de wilde Keeder,
unn huggd sisch hin mid laud Gedseeder
dsu denne Laddserooner in die Midd.

E babbisch Greedel midder eeglisch Fradds
dääld selbschdgebaggner Kuuche aus.
Derweil dreibd sich e schwaardse Kadds
gans leis erum am Friedhofsbladds
fier rinnsewiddsche innes Leischehaus.

Unn aach e schròhes Buggelmännje
duud sisch vun Kobb bis Fuus vermumme.
Es jaggerd als die Wänn endlang
unn schmeist mid Schdään dsem Hausinngang
uff Leit, die wo aus Gneibe kumme.

Mer lääsd devun innem Rewwolwerbladd
de iwwernäägschde Mòòrje in der Frieh.
Die Schaffkollonn kummd vun der Schdadd,
finnd dò die Òòrwese vun ääner Radd
unn gans vill Doose, wo noch druffschdehd:
„Migschdery".

(Saarländischer Mundartpreis, Goldener Lautsprecher 2013)

Uffem Droddwaar

Manscher schdolberd
iwwer Schdään,
ohne dse mergge,
wodraan mer
sisch schdubbd.
Graad nidd geguggd
wodriwwer mer laafd:
E Naame, e paar Daade,
gebòòr, gelääbd, geschdorb
unn hinnenòò uff der Schdròòs
dsem Schdolberschdään genn.

Wer wääs, ob mer
weenischdens jeddse
mò driwwer nòòdenggd:
Bei de Naadsiis
hädds soowas
nidd genn!

Gliggsglee-Limmerigg

E Gliggsglee mid vier Blädder
schdehd naggisch im Schleschdwedder.
Duuds dunnere unn grache
musser graadselääds lache
saad: Gligg middem Wedder, das hädd er!

(Saarl. Mundartwettbewerb Silberner Wendalinusstein 2015)

Ein "altes Paar"

Isch heer disch meischd nuur nääwehäär
unn lauschder gaar nidd hin.
Egaal obs gudd wäär odder schleschd,
wann du nuur schwäddschd - mier isses reschd.
Isch heer disch drodsdeem gäär.

De saschd: Kaaf das unn dann mò das,
machschd Mussigg unn dedswische Schbass,
verdsählschd vum Wedder, vun de Leid
unn was bassierd in dò der Dseid.

So bischde bei mier jeeder Daach,
unn nie elään bin isch gewään.
Heerd mer aach manschmò gaar nidd hin,
duu schnabbschd desweesche nidd mò inn.

De machschd all Leid e bissje froh!
De bischd unn bleibschd
mei gudd aId Raadio!

Endlisch frei

Endlisch widder frei
wolld de Pidd sinn
unn hadd sisch
vum Käddsche
scheide gelass.

Kaum vier Wuch schbääder
isser danne em Tanja
uff de Leim gang!

Heggsenaachd

De Milläämer
in de Hausfluur geholl,
die Fuusmadd verschdobbeld,
es Gaardedoor ausgehang
unn im Schubbe
inngeschborr.
Die Hausnummer
abgeschraubd,
de groos Bluumedibbe
in die Garraasch gebrung.
Jeddse kinne ner kumme,
ihr Freggerde,
mid eire Heggsereie
in der Naachd!

De Mòòrje denòò:
De Milläämer
ausem Hausfluur geholl,
die Fuusmadd widder hingelää,
es Gaardedoor
ausem Schubbe geschlebbd
unn widder ingehang.
De groos Bluumedibbe
aus der Garraasch gebrung
unn aan sei Bladds geschdelld.
Jeddse muss isch nuur noch gugge,
wie mer die Gaardebangg
vum Schubbe enunnerholle.
Nägschd Heggsenaachd
griener misch
awwer nimmeh draan,
ihr Dreggsägg!

Unn manschmò naachds…

Unn manschmò naachds, wanns häämlisch schdill,
dò leid mer als noch wach.
Mer schaffd mid seim Gedanggemill.
Däär driggd ääm schwäär uffs Dach.

Mer simmelierd - vòòr unn serigg
uff da Gedanggebahn.
Mansch Äärjer huggd ääm noch im Gnigg.
Mimm Schlòòf kummd mer nidd aan.

Graad, wie mer nimmeh weider wääs,
dò schdehd mer gans leis uff
unn guggd, wie hinnerm Bach unn Bersch
de Vollmoond dsiehd eruff.

Wie schdill iss ringserim die Weld,
woo nuur de Wind gans sachd
de Bluumedufd durchs Däälsche wehd,
so häämlisch iss die Naachd.

Woo iss die laude Weldgeschischd
mid all demm Druuwel hinn,
woo Newwelfeddse driwwer schdehn
gans dsaard, gans sachd unn dinn?

So halld mer dann die Dseid mò aan,
unn bleibd noch eewisch wach.
Unn hädd schunn mò gans gääre dòò
e bissje uffgehoob - vun sorer Naachd!

Verlòòr

Ohne Hòòr
vòòr Jòhre
gebòòr.
De Kobb ball
voll devun
unn immer widder
nei geschòòr.
Dann äänes Daachs
die Hòòr
am Kobb
verlòòr.
Nidd glòòr,
awwer wòhr.
Sem Gligg
gebbds
e Berrigg.

Òòmend im Dorf

Am Enn vum Dorf pischberd de Bach
unn gluggerd häämlisch schdill.
Es Wasser hadd kää Sinn fier Grach,
woo aus der Kneib kummd - hunnerdfach
unn gaa kää Ruh genn will.
Vum Fusballgligg dser Bolledigg
gebbd dord die Weld verdääld.
Digg sinn die Faggse, woo mer gridd,
mer dischbedierd, es gebbd geschdridd.
Dò saad mer alles, was ääm gwääld.

Hie hadd die Weldlaach e Gesischd,
verdrähd unn gräädsisch wie die Flemm.
Gans figgs gebbd dò gereescheld unn gerischd,
mer schreibd fier sisch die Weldgeschischd.
Mid Gaas im Kobb gehn all schbääd hemm.
Weid hinne, hinnerm Newwellischd,
falld dann de Himmel in die Naachd.
Schbääd òòmends huggd mer in der Kisch
unn simmelierd am glääne Disch,
wanns Dorf schunn dräämd - gans sachd.

Unn hinnenòò am Enn vum Daach
dò falle alle Aue dsuu.
Mer mummeld sisch in Kaule ninn,
will allwei nuurmeh bei sisch sinn,
find dann eerschd rischdisch Ruh.
Woo schbääder iwwer Blaschderschdään
schdreischd e Laddern ihr Lischd.
Dò gähnd die Dorfschdròòs leis unn mied,
es Brunnewasser drobbd sei Lied,
verschwimmd in digger Newwelschischd.

(1.Preis Mundartwettbewerb Dannstadt 2006)

Unnerm Aadolf ...

"Mòòrje " gesaad
wie normaal Leid,
Widdse iwwer die
Regierung verdsähld,
gehelme Wahle
mid meh Bardeije
als wie nuur mid ääner,
Nòòrischde im Fernseh,
die woo nidd
mannebeliert genn sinn.
Demonschdriere,
wann der was nidd gefalld.
Òòmends ääwe
graad gemach,
was mer will.

De Sunndaach
in die Kirsch gang
odder aach nidd.
Nidd in die Bardei gang
unn nidd nò der Peif
vun der Bardei gedannsd,
Allewei gesaad,
was mer graad denggd,
Jeeder als nuur
nò seim Kobb
gelääbd unn
nò seiner Fassong ...
Unner Aadolf
hädds das nidd genn!

Deddsemberliedsche

So gehd es Jòhr
gans schdill dse Enn
unn rabbeld
sisch devun,
wann digger Schnee
in meiner Weld
in diefe Kuhle
Bladds gefunn.
In denne Daache
fiehld mer sisch
e bissje faschd verlòòr.
Die leddschde Daache
bliggd die Dseid
vum Jòhr
die leddschde Hòòr.

Grensfall

Frieher hadds mò kurds vòòr Dswääbrigge e Grens genn dswische Deitschland unn em Saarland. Das waar dòòmòòls gewään, wie die Saarlänner noch dsu Frangreisch geheerd hann unn die sinn aach vun de Pällser immer nuur die Saarfransoose geruuf genn. Mier hann dòòmòòls in Saarbrigge gewohnd unn mei Vadder iss jeed Wuch nò Dswääbrigge gefahr, weiler hiwwe unn driwwe sei Geschäfder gemach hadd. Er hadd segaar Kondos uff der deitsch unn franseesisch Seid gehadd, weiler sei Geld riwwer unn niwwer geschoob hadd.
Mier sinn als Kinner alsemò midgefahr nò Dswääbrigge unn hann dòòdebei immer e Mordsangschd vòòr der Grens gehadd, weil mer jò nie gewissd hadd, ob mer gudd driwwer kummd. Gans glaar: Wer iwwer die Grens gefahr iss, hadd alsemò ebbes geschmuggeld unn die Dsellner waare eischendlisch immer uff der Lauer fier eraus se finne, wo so e Schmuggler verschdobbd gewään iss. Kann sinn aach, dass se ebbes defier gridd hann, wann se widder emòò ääner verwiddschd hann.
Mier hann in Dswääbrigge vill kaafd, weil Deitsch äänfach besser gewään iss. Dòò hammer Kaffee unn Dooseobschd midgeholl, mir hann deitsche Dsiggeredde unn Päggelsches-Subb kaaf. All vier Wuche waare mer beim Freseer Roddmann unn hann die Hòhr geschnidd gridd, mier hann es deitsche Bensien getanggd unn aan der Weihnaachd hammer die Modelleisebahn Schdidd fier Schdigg unn Waggong fier Waggong iwwer die Grens gebrung, wie mer dòòmòòls so gesaad hadd.
Äämòò iss e Tande vun uns mid nò Dswääbrigge gefahr iwwer die Grens fier ebbes dse schmuggele. Eischendlisch waar die Tande rund, gemiedlisch unn aach noch gudd kaddoolisch unn so gaar nidd geeischned fier dsem Schmuggele. Awwer se wolld e Foddoabberaad, denne wos im Saarland dòòmòòls so nidd genn hadd, fier de Onggel se Weihnaachde kaafe. Eischendlisch hädd se jòò misse wisse, dass so ebbes nidd graad midem

Kaddoolische ehäärgang iss, awwer se hadd gedenggd, dasses kää groos Sind wäär, weil se jò denne Abberaad nidd fier sisch hann wolld unn ääwe nuur als Geschengg.

Danne waars de Tande doch nidd so gans dse duhn, weil se in Dswääbrigge vòòrhäär noch in die Alleggsanderkersch gang iss unn e Keerds geschdifd hadd, dasses aach nuur jò gudd ausgehd. Awwer de liewe Godd hadd mid sisch kää Geschäfdscher mache lassc. Aan de Grens ins Saarland hadd die Tande ausem Audo ausschdeie misse fier dass mer beirer „Leibesvisitation" hadd mache känne. Godd sei Dangg hadd mei Vadder der Tande vòòrhäär de nei Foddeabbrad abgeholl unn im Audo irschendwo verschdobbeld, weiler gedenggd hadd, dass die digg Bruschd vun der Tande doch kää graad so gudd Verschdegg fier de Foddoabberaad gewään iss.

„Die halld das nidd dursch. Wann se sich jeddse noch verblabberd, simmer geliwwerd!", hadd mei Vadder gesaad. Awwer schunn kurds denòò iss die Tande widder kumm. Die waar danne im Liesche unn so duhn als ob doch rischdisch gudd unn gaar nidd so kaddoolisch, wie mer gedenggd hadd. Meeschlisch aach, dass de Dsellner der Tande kää so groos Bruschd geglaabd hadd.

Mier hann also de Foddoabberaad gudd iwwer die Grens brund. Nuur die Tande hadd kurds vòòr Saarbrigge gemennd, se gäng doch liewer de näggschde Daach uffs Dsollamd in Saarbrigge gehn unn de Foddoabberaad doch noch verdsolle. Dòò hadd mei Vadder beinäggschd es Schdeier verriss. Awwer das hadd die Tande danne doch nidd gemach. Veleischd wolld se aach nuur vòòrem liewe Godd dseie, dasse eischendlisch ehrlisch iss unn abbendsuu ääwe ebbes vergessd.

E paar Daach schbääder hann isch geheerd, wie die Tande sich mid der Nochbersch unnerhall hadd, die gefròòd hadd: „Wie waars eischendlisch in Deitschland?" Unn dòò hadd mei Tande aus voller Bruschd gesaad: „Eischendlisch waars niggs Besonneres, es waar ääwe mò ebbes anneres!"

Fier die Kadds!

Geruuf hann isch se eischendlisch nidd, wo se allewei aan der Terrass gemaunsd hadd, dass mei Fraa gesaad hadd, so e aarm Kadds hädd beschdimmd Hunger odder Durschd unn missd mòò ebbes se fresse grien. Dòò hann isch se danne enin gelass, awwer nò so em glään Deller mid Milsch hadd sisch die Kadds uff de Debbisch geleed unn wolld barduu nimmeh naus. Veleischd waars denne Òòmend e bissje kald, unn dò hammer gesaad, dass mer se mòrje frieh rausschigge, weil mer so e aarm Diersche nidd in die kald Naachd enaus schiggd. Dò hadd mei Fraa e glääner Kardongkaschde ausem Keller geholl, e bissje Sannd unn Säämähl ringeschdreid, fier dass die Kadds die Naachd iwwer aach e begweem Bläddsje hädd.
Wie mier mòrjens wach genn sinn, hadd die Kadds wer wääs was fier Geschreids vòòr der Dier gemach unn als gegraddsd, dass mei Fraa gesaad hädd, se gääd das nidd aushalle unn hadd se enin gelass. Die Kadds hadd sisch dann aach gans figgs uff die Bedd-Degg gekuscheld unn so gedòòn, als häddse schunn immer dò gelää. Schbääder hammer danne unne die Bescheerung gesiehn: In der Wohnung waar de ganse Sand unn es Säämähl verschdreid, weil die Kadds de Kaschde umgeschmiss gehadd hadd. Unn danne haddse aach mid de Gralle Raddser in die nei Kaudschgarneduur ringedsòò, dass mer gedenggd hadd, es wäär ääner middem Schmirschelbabbier driwwer gang.
Dòò waar danne ruggdsugg die gans Dierlieb wegg gewään unn mer hann die robbisch Kadds dse Dier raus brung unn dabber hinnerer dsuugemach. Ums mòò graad rischderaus se saan:
Isch hann niggs geesche Kaddse, die kää Polschder odder Diere vergraddse odder es Schdrei iwwer de Debbisch verdähle. So kanns awwer kumme, wann de ebbes fier die Kadds machschd.

Figgs gekochd im Määrschedibbe!

Gemäänerhand kennd mer jò das Määrsche, wo schwubbdiwwubb de Disch gedeggd gebbd mid allem drum unn draan, aach middem beschde Esse, was mer sisch dengge kann. Leddschdens hadd de Jubb gesaad, er hädd Seinem e Kochdibbe kaafd, wo alles sesamme ninkummd unn im Nullkommaniggs gekochd kann genn. Isch hann das erschd nidd wolle glaawe, weil de Jubb alsemò e bissje aangebbd wie e Tuud vull Migge. Wie isch geheerd hann, was der Dibbe koschd, hann isch gedenggd: Gans scheen deier, awwer so e Wunnerdibbe kaafd mer jò nuur äämòò im Lääwe. Friejer hadds mò deire Schdaubsaucher genn, wo se vun Hausdier dse Hausdier gelaaf sinn, fier de Leid die Saucher vòrdsefiere. „Veleischd hann se jeddse de Modoor vun de Schdaubsaucher im Kochdibbe ingebaud", hadd de Jubb gesaad. So ebbes nennd mer neimoodisch: Iddeeje-Dransfäär.
„Isch hädd jò de liebschd mò, dass der Kochdibbe Bròòdgrumbere mid Schbischeleier unn Sallaad machd", hann isch em Jubb gesaad. „Ei das gäng nidd gehn", saad dò de Jubb, weil mer die Reddsebder ausem Indernedd holle missd unn dò wääre Bròòdgrumbere nidd debei. Kannschde mò siehn: Indernedd hann se unn kenne kää Bròòdgrumbere, das hadd mer jò gääre! Unn danne hadd de Jubb mer gedseid, wie das ganse fungsjenierd. Dò iss im Dibbe e Miggser drin, der schnibbeld alles kurds unn glään, graad wie de willschd. Der Dibbe kann alles, nuur kää Bròòdgrumbere. Schniddsel kanner aach nidd, awwer Grumbersubb.
Nuur ään Fähler iss am Dibbe: Wann de sevill Leid dse Besuuch haschd, gebbds kää greeserer Dibbe. Dò muschde dsweimò koche unn die erschd Pordsjoon waarm schdelle. Meeschlisch awwer, dass de aach dswei Maschienscher kaafschd unn beinanner schdellschd.

De Kombjuuder am Kochdibbe weisd dier genau, was de in de Kochdibbe rinmache muschd unn alles so, was jò aach gudd iss fier Leit, die e bissje wurres sinn.
Gischder hann isch de Jubb gefròòd, was eischendlisch sei audemaadischer Wunnerdibbe machd. „Jò, denne hädd sei Fraa immer noch, awwer se gääd die Grumbere in der Pann brööde unn die Schbischeleier aach. Alsemò gädd se noch middem Dibbe e Schmuusie mache, das wäär so ebbes dsem Dringge unn hunnerd Broddsend gesund. Das missd awwer nidd gekochd genn unn mer kinnds aach im Miggser mache!"

Mach jò kä Dinger!

„Kannschde mier mò dei Ding lehne, isch breischd das graad mò?", fròòd de Lehnpidd. Was middem „Ding" gemennd iss? Das kann mer sisch leischd dengge: Mò isses die Moddoorsääsch odder de Raasemäher, mò die Bòhrmaschien odder de Verdiggedierer. Hinnenòò gebbd dann gesaad: „Soe Ding kaaf isch mier aach emòò!" Peinlisch iss jò nuur, wann Ääner ääm das Ding iwwer Wuche nidd reduur bringd. Dò saad mer demm: „Näggschdmò genn isch dier die Kadds, die kummd weeneschens vun selwerd serigg!" Irjendwie iss e Ding immer noch e Ding! Frieher hadd mer in der erschd Schuulglass „Dingword" fier alles geholl, was mer siehn kunnd: E Schduhl, e Disch, e Audo - alles waare Dinger. Heid machd mer de Vòòrnehme unn schwäddsd vum „Subschdandiev". (Dòòdemid hädde mer de päddaggoogische Dääl schummò hinner uns!)
Wann ääner vunnem Ding schwäddsd, was er mache will, muschde uffbasse. Kännd sinn, dasses gaar nidd so juschd iss, was ääner dò vòòrhadd. Mer saad jò: „Der hadd e grummes Ding gedrääd unn iss dòòdefier ins Kiddsche kumm!" Wann ääner e digges Ding vòòrhadd, wääs mer nie, ob das nidd äänes Daachs vòòr de Rischder kummd.

Kann mer ebbes nidd glaawe, saad mer: „Das iss jeddse awwer e Ding!" Mancher denggd aach, „e Ding, woo grawweld" wäär irjend soe Diersche. Dòòdebei isses e gans verriggde Iddee, woodruff mer erschd mò kumme muss.

„Mach jò kä Dinger!", ruufd mer, wann sisch ebbes nidd geheerd. So ebbes machd mer äänfach nidd! E bissje Fubbes iss, wann ääner saad: „Der machd lauder so Dinger!"

Unn wann mer ebbes gudd finnd unn am liebschde middemang debei wäär fier midsemache, heischds: „Das wäär jò e dolles Ding!"

„Was machschde dann fier Dinges?", fròòd mer, wann mer nidd verschdehn kann, dass ääner wirglisch rischdischer Bleedsinn aanschdelld.

Mansches „Ding" gehd aach sesamme mid „Bums", was mer danne „Dingsbums" nennd. Dò fähle ääm äänfach die Worde. Mer saad: „Das Dingsbums, woo Ääs leddschd Wuch in Dingsdòò kaaf hadd, iss e dolles Ding!"

Schwäddsd ääner vunnem „Dingelsche", isses veleischd gans glään odder das iss ebbes, was mer graad gaar nidd gebrauche kann: „Was will isch danne mid soo ääm Dingelsche"? E Ding kann aach Mussigg mache. Sellemòòls hadd e Laadedier „DingDong" gemach. Das waar e Singnaal defier, dass jeddse ääner im Laade iss. Neimoodisch hann heidsedaachs die Leid aach aan der Hausdier so e Glingel. Die machd soggaar „DingDingDong"!

Was fier e Daach

Meischd schunn mòòrjens guggd mer in der Dseidung, was heid fier e Daach iss. Fier misch isses äänfach: Gischder waar Freidaach, heid iss Samschdaach. Veleischd hadd ääner aus der Verwandschafd Geburdsdaach unn mer will graddeliere. Driwwernaus awwer sinn all Daache noch fier sunschdwas gudd. Kann sinn, dass mer woodraan dengge odder dass irjend ebbes gefeiert genn soll. Am 21. Jannewaar iss de Weldgnuddeldaach gewään, awwer nuur, wann de kää Coroona-Wieruss haschd. Odder am 2. Feebruaar iss de Welddaach vun de Feischdgebiede. Das Daadumm falld danne noch middem Weldmurmeldierdaach sesamme. Fedder Dun-nerschdaach iss nuur vòr der Faasend, woo die Weiwer wie vun der Roll sinn. Hinnedruff gebbds noch de Aschermiddwuch, wann mer in der Kirsch e Greids mid Äsch uff die Schdirn gemòòld gridd.
Vòr de Ooschdere iss de Griendunnerschdaach, wanns dehemm Schbinnaad gebbd unn die Glogge nò Room fliehe fier dord die Sinde vum Dorf dse beischde. 16.Juuli iss Weldschlangedaach unn de 22. Juuli iss Weldhänge-maddedaach. Der gebbd gans neggschd middem Weldbierdaach gefeierd. Dò muss mer uffbasse, dass mer niggs durschenanner bringd. De virde Freidaach im Sebdember iss de indernadsjenaale Agsjoonsdaach, woo mer die Weggedaarier umaarme soll, wann mer ääner kennd. Dò hollschde awwer, fier dass mer sisch nidd aanschdeschd, besser de erschde Freidaach im Ogdoower, woo de Welddaach fiers Grinse iss (englisch „Wörld Schmeily Dää"). Wannde gudd esse willschd, gebbds de 25. Ogdoower, woo mer de Weltnuudeldaach hann. Das glaawe jeedefalls Schdigger 40 indernadsjenaale Paschda-Firmas!
De leddschde Samschdaach im Ogdoower soll in Eirooba unn beim Ammi de „Kaaf-niggs-Daach" sinn. Mer kännd naddierlisch die Daache vòòrhäär alles inkaafe fier demm Daach e Schnibbsche dse schlaan! Dò waard mer veleischd liewer uff de

Blägg Freidää in der leddschd Ogdoowerwuch, wanns alles e bissje billischer gebbd. Die annere Freidaachs kumme jeed Wuch. De Freidää fòòr Fjuudscher iss, woo die Kinner weeschem Gliema uff de Schdròòs demmenschdriere.
Käschuäll Freidää iss dann, wann mer mid ohne Schlibbs unn feine Glammodde ins Birro kumme därf. Dòòdruff brauche awwer die Leid im Blaumann odder Laddsebuggs nidd se schbeggeliere. Unn de Weldorgasmuss-Daach iss am 21. Deddsember kurds vòr de Weihnaachde. Dò iss awwer noch lang bis hin unn mer fròòd sisch, warrum und wie der Daach graad dord gefeierd gebbd!!

Gudd geräddschd!

Gemäänerhann schwäddsd mer jò nidd iwwer anner Leid. Es känd awwer alsemò sinn, dass mer ebbes wääs, was annere noch nidd wisse. Unn das muss dann jò mò gesaad genn. Nidd dass mer driwwer schwäddsd, es iss jò nuur, dass mers mò saad! Gäär machd mer so ebbes eischendlisch aach nidd, awwer abendsuu musses ääwe sinn unn iwwerhaubd: Mer will jò aach midschwäddse, wann annere ebbes dse verdsähle hann.
Gans glaar: Aanschdännische Leid mache so ebbes nuur hinner vòòrgehallne Hänn. Weils sischs nidd geheerd, iwwer ääner laud dse räddsche, auser veleischd aan der Faasend. Dò saad mer soggaar rischderaus in der Bidd, woos langs gehd: „Ääs lassd sisch scheide, er hadd banggrodd gemach, demm Seins gehd nääwenaus mid äänem, der woo niggs hinne unn vòòre dauchd unn bei demm unn demm dehemm kann mer die Assele hinnerm Soofa nimmeh dsähle. Jesses, was känd isch eisch verdsähle...", verrobbd mer sisch die Schniss bis hinnewidder unn hadd aach noch so Ausdrigg debei: Schròher Massigg, bleeder Laggaff, dummes Hinggel. Mei Mudder hadd immer

gesaad, wann mer so dreggische Wärder in die Schniss holld, missd mer sisch nohhäär die Schniss mid Sääf auswäsche, dass alles innewensisch widder sauwer gebbd.
Merg der ään fier allemò: Mer schwädds nidd iwwer die Leid, auser veleischd aan der Faasend! Wer so ebbes iwwers Jòhr needisch hadd, missd äärschd mò vòòr der eischne Dier kehre. Dò leit jò genungg Dregg unn Uwweraasch erum. Meischd gebbd jò abgeläschderd iwwer die, woo nidd debei sinn. Deswääe gehn isch vunrer Feier immer äärschd als Leddschder hemm, demid iwwer misch nimmeh geschwäddsd kann genn. Danne gebbd awwer driwwer häärgedsòò, dass mier dehemm kä Bedder hädde, weil mier immer bleiwe bis in all Herrgodds-frieh.

Jeeder hadd sei glääner Fimmel!

Glääne Fimmele mergd mer nuur danne rischdisch, wammer gans genau hinguggd. Meeschlisch, dass sisch ääner immer aan der Naas graddsd odder allgebodd mid de Aue dswinggerd, wie wennem ebbes nin geflòò wäär. Isch hann schunn Leid mid Fimmele gesiehn, die sinn sunschd eischendlisch gans figgs gewään. Awwer die sinn midem Jubbe linggs erum gemuschderd erumgelaaf odder hann die Kabb midem Schnabbe nò hinne aangedsòò. Annere hann jeeder Sadds mid „Ei" aangefang odder mid „Heer doch mòò dsuu!".
Naddierlisch gebbds aach Fimmele, bei denne sisch ääner ebbes in de eischne Sagg ninmachd. In meiner Gneib, dò dringgd ääner immer drei Bier unn e Kurdser unn hinnerhäär saader danne, er wäär eischendlisch geesche de Algehool. Isch kenn dò ääner, der kennd ääner, woo all Brille sammeld, die woorer als Naasefahrrad jeemòòls gehadd hadd. Demm sei Fimmel iss, dass in seim Wohndsimmer vun der Degg e Nedds runnerhängd, woo all die Brille draan uffgehang genn sinn. Dò

iss iwwer die Jòhre e Brillebaam vun der Degg uff de Boddem gewaggs. Mei ään Schweschder hadd aach soe Sammelfimmel. Die sammeld Ellefande. Äämòò hadd se dòòdemid aangefang unn kann jeddse nimmeh uffheere. Wann die e Geburdsdaach hadd, griddse kä Bluume, kä Grimsgraams unn kä Schdaabfänger geschenggd. Die gridd allgebodd nuur Ellefande. Groose, glääne, digge, dinne, aus Hols, aus Blasdigg, aus Bordselaan - was wääs isch aus was die ganse Dinger gemachd genn. Nuur e eschder Ellefand hadd se noch nidd gridd. Das wäär danne wirglisch es Greeschde, was mer der noch schengge kinnd.
Isch fròò jòò nidd, was bei eisch so gesammeld gebbd! In de Feerie hann isch ääner gedroff, der hadd de Fimmel gehadd, dasser iwwer alles schwäddse kunnd, aach wanner mòò niggs dse schwäddse gehadd hadd. Der iss soe Halbschduddierder gewään. Unn woo däär schunn iwwerall gewään iss unn was der alles gesiehn gehadd hadd – dò bischde baff gewään! Awwer nòòhäär hadd mer gemergd: Der iss aus seim Loch noch nie rischdisch erauskumm. Alles nuur midem Finger uff der Landkaard! Dò kammer mòò siehn, woo so e Fimmel doch hinfiere kann. Eischendlisch binn isch froh, dass isch gaar kä Fimmel hann. Wenn iwwwerhaubd, danne schreib isch ab unn dsuu uff, was die Leid mer so verdsähle. Awwer dass so ebbes e Fimmel wäär, gääd isch jeddse nidd graad saan.

Kabbiene-Geschbrääsche

Es Schwäddse im Saarland dääld mer in „wischdisch" unn „nidd wischdisch" inn. Gans wischdische Geschbrääsche sinn, wann mer mid em Lehrer, Baschdoor odder Minischder schwäddsd. Gans unneedische Geschbrääsche heische im Saarland Haasegeschbrääsche odder Dummgebraddel. Irjendwoo in der Midd leie die Kabbiene-Geschbrääsche. Die gebbds immer, wann mer ebbes heerd, was mer eischendlisch gaar nidd heere solld. Dò

huggd mer veleischd irjendwoo uffem Gloo vun der Wirdschafd odder uffem Bahnhoof, unn nääwens in de Kabbiene unnerhalle se sisch, während dass se e Geschäfd mache. Veleischd heerd mer dò ääner saan: „Isch hann sevill Kaffee gedrungg, jeddse blòòsd der mier die Gedärm dursch!" Kabbiene-Geschbrääsche gebbds aach, wann mer im Peekaa iss unn ausbrowwiere muss, woomid Ääs disch in die Umglääd-Kabbien geschiggd hadd. Dò heerd mer vun nääwens veleischd so Sädds: „Bei der dò Buggs muschde noch de Hinnere rauslosse! Sunsch schdremmds sevlll in der Graddel." Odder ääner saad: „Holl mò e greeser Jubbe, bei demm dò hann se die Gnäbb dse eng aangenähd."
Mer glaabd jò faschd nidd, was die Leid alles in der Kabbien schwäddse. Isch gugg mer nòhäär als immer aan, was das fier Leid sinn, die so unschennierd ruufe: „Mer missd eischendlisch mò widder die Tande besuuche. Dò waare mer schunn eewisch nidd gewään. Am Enn lääbd se nimmeh bis mier kumme." Kabbiene-Geschbrääsche sinn ebbes rischdisch Scheenes, weil mer dò midgridd, was annere wirglisch dengge. Leddschd waar isch im Schwimmbaad unn ääner hadd aus der Kabbien gegrisch: „Isch hann mei Unnerbuggs middem Rallischdreife verkehrd erum aangedsòò." Jeeder wääs jeddse Beschääd. Nuur gudd, dasser sei rischdisch Buggs driwwer gehadd hadd, wierer aus der Kabbien rauskumm iss! So kanns awwer gehn!

Männeraarwed!

Gemäänerhann gebbds jò Aarwed, die woo nuur vunnem Mann gemach genn kann. Holl emòò, wann de Gloodeggel ausgeweggseld genn muss: Der daarf nidd waggele unn nidd gaagse. Das gridd allgebodd nuur e Mann hin! De erschd muss mer iwwerhaubd die rischdisch Dseid finne, wammer so e Aarwed machd - nidd dse frieh unn nidd dse schbääd.

De beschd fangd mer nò nein Uhr aan, wann se all ihr Mòrjegeschäfd erleedischd hann. Dò hollschde dei Bumbedsang, de Schrauwedräher unn aa noch e Flachdsang, dass de alles beisamme haschd, wanns dser Sach gehd. Mer lehd sisch danne uffe ald Degg nääwes Gloo, wie wammer unnerm Audo schaffd, fier die Schrauwe vum Deggel am Gloo vun unne loos dse drähe. Meischd sinn die aarisch feschd gedrähd, fier dass de Gloosidds nidd verrudschd iwwer die Jòhre. Kannschd druff wedde: Kaum hasche aangefang, kummd der Glään unn muss emòò, graad wierer disch aam Schaffe gesiehn hadd. „Sedds ne dissmò uffs Hääbsche!", saaschde dsu deiner Fraa, die genau wääs, dass disch so ebbes nervd.

Wann de endlisch die Schrauwe abhaschd, muschde de neie Gloosidds vermesse, nidd dasser dse kurds odder dse lang iss unn aam Enn noch iwwerschdehd. Mer glaabd jò nidd, was die Leid heidsedaachs fier Sorde vun Gloosiddse kaafe. Unn die solle uff all meeschlische Gloos, woos gebbd, basse. Es gebbd jò soggaar Gloodeggel mid Schdoosdämfer, die woo nimmeh glabbere, odder annere hann Biller uffem Deggel. Der leddschd hann isch ääner gesiehn, der hadd seggaar Schdacheldròhd uff der Brill gehadd. Dò grischde die Grussele, fier disch dò druffdsehugge, aach wanns nuur e Bild iss.

Wann de danne de neie Gloosidds midde Schrauwe rinngedrähd haschd, bringd dei Fraa e Flasch Bier, weil Deins genau wääs, dass so e Männeraarwed Durschd machd. Unn de bischd dsefridde, weil de middem Gloo fier die näggschde drei Jòhr dei Ruh haschd. Jedds gehds danne nuur noch drum, wer die erschd Siddsung hann därf.

Mer wunnerd sisch nidd meh wie iwwer die Leid!

Die Weld iss verriggd! Das schdehd schummò feschd, glaab mers! Unn die Leid lääwe middem eewische Widderschbruch. Heid schille se iwwers ville Blasdigg, awwer mòrje im Laade gebbd jeed Tommaad äänseln ingepaggd. Iwwwer die Miljoone fier die Fuusballer meggere se in ääner Tuur unn de Sunndaach gebbd widder im Schdaadjonn iwwers Schbiel gejohld. Heid heischds, dass de Diesel sevill Schdaab rauslassd in der Schdadd, mòrje sinn se beim Audorenne dursch die Schdròòse, woo all gugge gehn unn kääner ebbes degeesche hadd!
In de Feerie buuche se e Greidsfahrd unn schille iwwer denne Dregg, der ausem Schorschde vun denne Schiffe rauskummd, wie wenn das Schiff vun elään fahre kinnd. Heid hann all Midlääd mid de Verkeiferinne, neggschd Wuch laafd mer dsem Lääd-Neid-Schobbing, als grääd mer iwwer de Daach niggs se kaafe. Die Wuddse genn mid Aardsnei gepäbbeld, dasse wie e vierbäänisch Abbedeeg erumlaafe, awwer all kaafe die dobbeld Pordsjoon beim Meddsjer, weils Schniddsel ääwe so billisch sinn. Die Hinggelscher grien Leispulver ins Fudder unn all Eier sinn geliwwerd. Dò glaawe se, dasses nidd so schlimm wäär, weil mer sisch nimmeh de Kobb se schärre breischd, wann mer ins Esse Leispulver ninmachd.
Aan jeeder Egg schdeht ääner mid seim Schmaardfoon unn schilld dòòdebei iwwer de Funggwelle-Schmogg. Mer demmenschdrierd, dass de Dorflaade offe bleiwe muss, awwer kaafe duhd mer im Subbermaargd in der Schdadd. In Feerie will mer effdersch im eischne Land bleiwe, awwer fliesche duhd mer wääsgoddwohhin unn noch weider. Se jòmmere iwwers Waldschderwe, verschbresche awwer, minneschdens beim Begrääbniss midsegehn.
Es Raache halle se fier gaarnidd gudd in der Lung unn aach sunsch, paffe duhn se awwer als weider unn verschdobbele die Paggung inrer egsdra Schachdel, nidd dasse die schregglische

Biller druff siehn misse. Erschd schille se, weil die Bolliddigger sisch im Wahlkamf nidd verkaddsbalsche, unn wann se sisch dann mò in die Woll grien, isses aach widder nidd reschd. Danne heischds, dass die Owwerschde e schleschdes Bild abgenn gääde.
All Leit saan, dass alles annerschd genn missd, awwer kääner gääd gääre bei sisch aanfänge. Muss mer sisch dò nidd doch e bissje wunnere?

Ääne raache...

Gebb Feijer, holl häär,
mach midd, mach midd!
Kumm geh doch mòò häär,
geh bleib doch mòò dòò!
Gans schnell, gans schnell,
holl Feijer, mach midd
nidd schwäär, nidd schwäär!

Holl Tuwwagg, dreh rinn
mid Babbier ins Babbier !
Mach midd, unn rinn,
gans figgs rinn, nuur rinn.
Kumm häär, gans figgs,
glääb dsu, glääb dsuu,
holl Feijer, mach midd!

Raach midd, raach midd,
so gudd, ach wie gudd,
wie Feijer so gudd!
Raach ääne, raach dswei
mid Feijer debei
kää Kummer, kää Wunner!

Unn mòòrje , jòò mòòrje ,
wer wääs, was dòò iss?
Die Sòrje vun mòòrje
Vergess, graad vergess.
Raach Feijer, nidd deijer
Raach dswei odder drei.

Wer jedds iwwerleed
iss bleed, ach so bleed.
Raach midd, mach midd
im Feijer unn Raach
dief nunner de Kummer
iwwer die Dsung
uff die Lung
all Sórje begraab
bis mòòrje !
Bis mòòrje ?

Middem Kobb geesche die Wand!

„Dsuumuudung" iss eischendlisch e scheenes Word, weil mer dò Muud breischd unn das iss jò ebbes, was nidd jeeder hadd! Neilisch waar isch muudisch unn bin inne Kunschdaus-schdellung gang. Mei liewer Scholli, dò iss de Leid ebbes dsuugemuud genn! Dò waare die Biller Schdigger dswälf Gwadraadmeeder groos. Bei mier im Wohndsimmer gääd so ebbes gaar nidd dursch die Dier gehn. Dò missd mer e Virder Pawwiljong aanbaue, demid mer so ebbes aan die Wand hänge kann. Elään, dass mer so ebbes in die Gallerie rinngridd hadd, waar schunn e Kunschd-Schdigg gewään.
Was druff waar, wolle ner wisse! Gans äänfach: Dò hadd jemmand gweer iwwer die gans Brääd vum Bild midder

Gleischderbirschd dswei Faarbschdrische gedsòò. Mer kann jeddse nidd saan, dass mer ebbes hadd siehn kinne, es waare ääwe nuur dswei lange Bahne druffgemòòld. Innem Wiedjo hadd ääm die Kinschdlerin danne die Kunschd vegliggerd unn hadd gesaad, se gääd das Mòòlerei nenne.
Kannschde mò siehn! Die hadd gewissd, was se machd! Wahrscheins hadd se die Birschd an de Bääsem-schdiel geschdoch, sunsch hädd se die Schdreife gaar nidd bis in die owwerschd Egg hingridd. Nääwedraan hadd e genau so grooses Bild gehang - iwwer unn iwwer mid Faarbschbriddser begleggerd. Dò hadd mer innem Wiedjo gesaad gridd, dass die Mòòlerin ihr Hòòr in de Faarbdibbe getunggd hadd. Danne iss se geesches Babbier aan der Wand gelaaf unn hadd midde Hòòr alles voll geschbriddsd. Kannschd dsem Gligg saan, dass kää Nachel vòòrgeschdann hadd, sunsch hädds dò nääwe de schwaardse Schbriddser noch Bluudsflegge genn. Unn im Wiedjo schwärmd danne die Kinschdlerin vunner Schbannung, die woo in demm Bild drin iss.
Jeddse kann dò uff der Weld jo jeeder schbriddse was unn wierer will. Isch dengge awwer, es geheerd schunn vill Muud dedsuu, so ebbes in der Gallerie ausdseschdelle.In der Gallerie waar e Määde, woo uff die Biller uffgebassd hadd, nidd dass dò noch ääner uff dumme Gedangge kääm. Ääs hadd misch e bissje midleidisch aangeguggd, wie als wolld se sisch end- schullische fier die Biller.
Gelachd hadd se erschd widder, wie ich ebbes ins Gäschdebuch rinngeschrieb hann, was danne aach e Dsuumuudung gewään iss. Es kinnd awwer sinn, dass veleischd die Määnung vun de Leid dser Kunschd-Agdsjoon dedsuu geheerd hadd. Wääs mers?

Nidd hinne wie vòòre!

Bei uns saad mer schummò, dass ääner nidd „hinne wie vòòre" iss. Isch kenn awwer kääner, der daadsäschlisch hinne genau wie vòòre iss. Gugg disch mò im Schbischel aan unn danne wääschde, dass isch reschd hann. Dò kinnschde graad genauso gudd saan, ääner wäär „nidd owwe wie unne" odder „nidd linggs wie reschds". So Schbrisch mennd mer bei uns im Saarland immer um die Egg erum. Ääner, der nidd hinne wie vòòre iss, saad ääm nidd, was er wirglisch denggd. Bei uns schwäddsd mer awwer rischderaus. Veleischd nidd immer so gans deidlisch, awwer wann mer gudd dsuuheerd, wääs mer, wies gemennd iss.

Will mer bei uns saan, dass ääner e bissje vill Schbegg um de Bauch hadd, saad mer: „Bischd e bissje digger genn, schdehd der awwer gudd!" Wann ääner nidd graad gudd aussiehd unn so rischdisch rabbeldirr iss, dasser ball vum Schdängel falld, saad mer: „Wann de so weider machschd, danne gebbschde mò e schròher Dooder!" Mennd mer, dass ääner fauschddigg flunggerd, kann mer das so verpagge: „Brauchschd nidd mid der Wòhrhääd hinnerm Bersch dse halle. Isch griens jò doch raus!"

Gebbd ääner so e bissje vergesslisch, danne saad mer woomeeschlisch: „Du vergeschd jò niggs, es falld der nuur nidd immer gleisch in!" Unn wann ääner ebbes verdsähle will, was mer eischendlisch nidd verdsähle daarf, heischds allgebodd: „Nidd dass mer driwwer schwäddsd, es iss jò nuur, dass mers mò saad!"

So kann mer im Saarland allewei ebbes saan, ohne dass ääner rischdisch bees gebbd. Jeeder kabbierd, was gemennd iss, unn alles iss gudd, weeneschdens vòòrleifisch, dass mer kä Grach grien muss.

Mid ohne Eifoon gehd niggs!

Wann frieher so e paar Lauserde bei uns dehemm dse Besuuch gewään sinn, danne waar das allgebodd e greeser Sach. Jesses, hann die danne die Buud uff de Kobb geschdelld unn e Uwweraasch gemach! Heidsedaach iss das alles gans annerschd unn vill besser genn als wie dòòmòòls. Kannschde mò siehn, dass aus der Juuchend doch noch ebbes gebbd.
Muggsmeisjeschdill isses im Dsimmer, wann dò so e paar Kerle uff Besuuch sinn. Dò paggd jeeder sei Eifoon ausem Sagg unn dann hugge dò finf Buuwe unn Määde dsesamme unn fuddschele mid em Dseischefinger uff der Glaasscheib erum, als gääde se innem Buuch rumblädere, auser dasse nidd de Finger ab en dsuu legge. Awwer die gans Scheib gebbd verschmierd. Dòòvòòr hannse danne e Läbbsche, fier se widder scheen glaasglaar dse reiwe. Brauchschd der kää Sòòrje dse mache!
Kääner schwäddsd mid ääm, all sinn se leis unn beschäfdischd. DerÄän mid seine Ihmääls, der anner mid em Wiggepeedja odder mid em Kombjuuder-Schbiel. Was wääs ich, woo se sunschd als noch im Indernedd erumsärfe? Mer mennd graad, se hädde die Grängg gridd wie als hädde se Bunnämmie odder noch ebbes Schlimmeres.
Heidsedaachs waarde se aach gaar nidd, dasses Dellefoon glingeld. Se sinn schunn uffem Schbrung, obs woomeeschlisch glingele kinnd, fier dass mer nuur jò nidd verbassd, in de näggschde dswei Seggunne abdseheewe. „Wòdds-Äbb" heischd das, weils „Waards ab" nimmeh gebbd!
De beschd iss jò noch, wann all aam Disch mid denne Dinger schbille: Se grien kää Grach midnanner! Awwer nò dswei Schdunne hannse aach kää äänsisch Word midnanner geschwädds.
Veleischd hannse sisch e Määl odder e Ess-Emm-Ess geschiggd? Odder mò graad gedseid, woo se erumsärfe in der Weld-

geschischd. Beinäggschd denggd mer, dass se aam Enn, wann das so weider gehd, noch verleere, midnanner se schwäddse. Wääs mers?

Schille iwwers Indernedd!

Mier reeschele In der Firma alles middem Kombjuuder. E gudd Sach! Gehd ebbes schief, heischd: „Mier hann e Fähler im Kombjuuder!" Dò kann mer ääwe niggs mache! Frieher hadd mer schummò gesaad: "Ei de Lehrbuub hadds versiebd!" Dò iss der aarm Kerl gleich aangeschiss unn schdruwwelisch gemach genn, was wääs isch was noch? Ääner muss jò immer die Schuld grien! Unn de Scheff hadd e Gesischd gedsòò als gääd er in de Essischfabrigg schaffe. Jeddse awwer iss alles besser: Aam Enn isses de Kombjuuder odder es Indernedd gewään. Gääds das nidd genn, gäng mer schille, dasses so ebbes nidd gebbd. Isses jeddse dò, duud mer meggere, dasses nidd rischidsch funggsjeniert.
Leddschdens hadd ääner aangeruuf unn gemennd, mer hädde es Falsche geliwwerd unn das missde mer widder seriggholle. Hann isch gesaad: „Erschd mò hann mier e Kombjuuder unn der machd kää Fähler unn dswäddens muss mer sisch mid der i-Määl beschwääre unn nidd so iwwers Dellefoon." Seid mier Indernedd hann, gebbd bei uns nuur noch iwwer Määls kommeniddsierd. Dò schbaard mer Babbier unn mancher Äärjer, denne mer frieher sunsch so gehadd hadd. Saa däär, er hädd kää Indernedd. „Kannschde mò siehn!", hann isch dsem Kolleesch gesaad, „kää Indernedd, awwer digge Bagge mache, so Leid hadd mer gääre."
Vòòrischd Wuch hann mier de Kombjuuder aach noch aans Dellefoon angeschloss. Der fròòd jeddse midder Schdimm vunner Fraa: „Was kann isch für Sie tun?" Unn danne driggd mer die Ääns fier Beschdellunge rinsegenn, unn die Dswei

driggd mer fier sei ganser Äärjer uffs Band dse schwäddse – wann mer will- schdunnelang. Heerd mer danne uff odder machd e dsuu lang Paus, saad die Fraa ausem Kombjuuder: „Danke für ihre Meinung. Wir leiten Ihre Anregung an unsere Geschäftsleitung weiter." Jeeder iss sefridde unn saad dehemm dsuu Seinem: „Denne hann isch mò rischdisch die Määnung gegeid, unn nidd dse gnabb!" Unn mier im Birro hann unser Ruh!

Leddschdens hadd ääner unserm Scheff gesaad, ei das wäär jò so freindlisch, das Frollein aam Dellefoon. Dò hadd de Scheff gemennd, das wäär aach sei beschd Grafd, die gäng nie meggere unn soggaar iwwwer die Dseid de Òòmend dòbleiwe. Wann das so weidergehn gäng, gääder das Määde noch in die Geschäfdsleidung holle."

Uffreeschung iwwer die Dseidung

Meischdens heer isch jò schunn geesche halwer Finf, wie de Briefkaschde glabberd. „Jesses, iss der heid mò widder frieh uff de Bään", dengg isch unn dräh misch in der Kaul vum Bedd noch erum, weil mer jò so frieh noch kä Dseidung lääse muss. Waarum aach? Es laafd jò niggs furd unn geschrieb iss geschrieb! Wann isch geesche Seggs de Kaffee durschlaafe lass, lääs isch die Dseidung immer dse erschd, weil mer jò wisse will, wodriwwer mer sisch uffreesche muss- iwwer de Daach. Es gebbd jò Leit, die lääse die Dseidung im Buss, uffem Gloo odder im Birro. Isch kann so ebbes nidd mache, weil Meins die Dseidung dehemm beim Friehschdigg hann will unn nohhäär gridd se noch de Ooba.

Wann isch Meins danne wach mach, fròòd se de erschd, wasses Neies gebbd. Dò saans isch irjend ebbes, was bassierd iss, woos sisch driwwer uffreeschd: „Es Päär vun der englisch Keenischinn iss nidd in der Fuhr gang odder in Affrigga hannse fuchdsisch unn meh Graad gehadd." Danne gebbd Meins fuggsdeiwelswild, weils midder Monnarschie niggs dse duun hann will odder bei Demberadduure vun meh wie dreisisch Graad ins Schwiddse kummd. „Reesch disch nidd uff!" saan isch danne, es kummd alles in sei Reih, es Päärd unn die Demberadduur."

De meischde Grach mòòrjens grien mier, weil Meins saad, isch gäng die gans Dseidung wurres mache, wann isch de Schbord immer dse äwwerschd leesche unn die Bolledigg gans unne hin. Dòòdefier muss Meins, wann isch die Dseidung gelääs hann, erschd mò widder Ordnung in der Dseidung mache. Unn danne lääsd se die Doodesaandseische unn schilld, weil isch em nidd gesaad hann, dass de Jääb geschorb iss. „Isch wolld disch nidd gleich im Bedd schunn uffreesche", saan isch danne, unn dò iss Meins widder sefriede mid mer, weil isch so vill Riggsischd holle. Kannschde mò siehn, wies gehn kann!

Wann mer mennd, dass mer ääner kennd!

„Es Saarland iss e Dorf!", saan se als, unn dò kennd mer sisch ääwe. „Kenne" - das iss so tibbisch saarlännisch. Bei uns kennd mer sisch aus unn mer kennd sei Leid! Mansche menne soggaar, mer missd all Leid kenne. „Denne kennschd duu aach! Denne muschd duu doch kenne!", heischds dann. Wann mer ääner nidd gudd kennd, saad mer: „Kenne iss sevill gesaad, isch hanne mò gesiehn, awwer nidd aus der Näh!" Wann mer ääner „gudd" kennd, danne hadd mer sei Neddswerg. Awwer das kennd mer jò! Das iss e bissje annerschd, wie wann mer vun Gemauschel schwäddse gääd. Dò gebbds ääwe die schbedsjell saarlännisch Filsegrafie, woo ään Hand die anner wäschd: Machschd duu mier mò ebbes, dò haschde bei mier ebbes dse gudd!

Das gehd vum äänfache Tibb, was mer wie woo mid wemm mache kännd, bis kurds vòòre Beschdeschung. Am beschde iss allewei, mer kennd ääner, woo ääner kennd! Neggadiev kennd mer aach sei Leid: „Däär haddse bei mier noch im Sals leie!", saad mer, wann mer mid äänem noch e Reschnung offe hadd. Hadd ääner e grummes Ding gedrääd, woo mer wääs, danne hadd mer vun ääm noch e Leisch im Keller leie. Veleischd kann mer se irjendwann nuffholle, wääs mers? All Beamde misse jeed Jòhr unnerschreiwe, dasse ihr Neddswerg nie im Lääwe agdewiere. Was soll isch dier saan: Immer widder kummds doch vòòr unn dann holle se ääner häbb. Meischdens gridder awwer nuur e Riffel, dasser so Firds lasse soll.

Mer heerd aach schummò: „Lehr misch denne nidd kenne!" Dò wääs mer genau, dasses e glääner Figgediewes iss. Das Gudde iss: Es kummd alles raus, meischdens seminneschd, weil all Saarbrigger odder all Haschborner, all Aarweider vum Ford odder all Schullehrer sisch unnernanner kenne. Wann de awwer iwwer e annerer saaschd, dass de denne nidd kennschd, danne grischde die gans Fammilje uffgedsähld. Unn dòòdedsuu aach noch, woo demm sei Onggel wohnd unn dass demm sei Vadder uffem Amd geschaffd hadd unn dass sei Kinner Freggerde sinn unn niggs dauche. Unn wann mer danne ääner immer noch nidd kennd, danne saad mer veleischd aam Schluss, dass mer ne doch kennd, nuur dasses Ruh gebbd, selbschd wann mer ne gaar nidd kennd! Wunnerd mer sisch jedds noch driwwer, dass die Saarlänner menne, all Leid gääde sisch unnernanner kenne?

Mid Fregg unn Flemm dehemm!

De ganse Winder iwwer haschde niggs gehadd, noch niddemòò e glääner Huuschde odder Schnubbe. Kaum awwer isses Friehjòhr dòògewään: Da! Schunn mòòrjens schbierschde so e gläänes Graddse im Hals, nidd schlimm, nuur so e bissje. Veleischd abbenndsuu e gläänes Reischbere, nidd meh. „Kann nidd vill wirre!", denggschde. Glaabs nidd! Geesche Middaach iss dei Reischbere wie e rischdisches Belle, dass dei Fraa sisch verschreggd unn saad, de misch mò dsem Dogder gehn. Das wäär jò gaar nidd juschd, wie sisch das aanheerd. „Dsem Dogder? Was soll isch danne bei demm mid soem bissje Graddse im Hals?", haschde gefròòd.

Awwer iwwer de Nòmmiddaach isses danne gans raulisch genn unn dei Gnause hadd der gedòòn, wie wanner dswische de Schraubschdogg kumm wäär unn ääner hädd danne mò rischdisch aangedsòò. „Jesses, wie siehschd dann duu aus?", hadd Deins gefròòd unn duu haschd gesaad; „Ei wie immer!" Awwer es iss der nidd rischdisch dse duhn gewähn. Wann de fier normaal e Fläschelsche odder dswei gedrungg haschd, isses denne Òòmend nuurmeh e Kammilletee gewään. De halwe Òòmend haschde gebiwwerd unn Deins hadd die Beddflasch gemach. Dò bischde danne beidseide in die Glabb gang. In der Naachd bischde ausgelaaf, weil der gans Tee jò aach widder raus gemissd hadd. Vun niggs kummd niggs! Wann de gedenggd haschd, dasses de näggschd Mòòrje besser gewään iss, haschde gewaldisch nääwes Neschd geleed! Beinäggschd bischde nidd uffkumm unn dei Fraa hadd uff der Aarwed aangeruuf unn hadd gesaad, dass de denne Daach nidd kumme kannschd. „Jeddse gebbd mò gemach, wie isch saan!", hadd se es Kommanndo iwwerholl. „Das dò iss jò nimmeh feierlisch", hadd se gemennd unn hadd disch dsem Dogder geschiggd.

Der Dogder hadd danne Gribb feschdgeschdelld, awwer nidd dse gnabb. Fier die Wuch bischde grangg geschrieb genn. Dòòdebei haschde graad die dò Wuch noch so vill vòòrgehadd. Awwer dei Fraa hadd gesaad, dasses gemach genn missd, wie de Dogder saad unn gudd! Dò haschde danne dsuu der Fregg aach noch die Flemm gridd unn dòòdenòò waarschde geliwwerd. Die gans Grangghääd iss uffs Gemied geschlaa, weil all Mannsleid diefer leide! Das wääs jò jeeder!

Nò drei Daach waarschde widder uff de Bään unn aach dei Flemm hadd sisch verdsòò gehadd. So kanns gehn ausgangs vum Winder, wann mer nidd uffbassd!

Gardienebreddischd fier e verdrähder Massigg!

Wer glaabschd duu dann, dassde bischd? Gugg häär, wann dei Vadder mid dier schwäddsd! Mennschde, duu kännschd dier alles erlauwe? De haschds doch noch vun der leddschd Wuch im Sals leie! Saa mer niggs! Hugg disch mò graad hin! Sollang duu dei Fies dòò unner de Disch schdellschd, haschde dse parriere, merg der das! Haschde kää Aanschdand? Dò dsiehe mier hie mò annere Seide uff, so wòhr isch dei Babbe sinn! Wääschde nidd, was sisch geheerd? Dò saan isch niggs meh, wann isch so ebbes siehn.

Das iss jò schlimmer als die Bolledsei erlaubd! Muss isch dier alles dreimòòl saan? Reischd äämòò nidd? Kannschde mier das mò verggliggere? Was bischd duu danne fier e Gweerdreiwer? Dei Meggesjer kannschde dier mò abschmingge! Woo soll das noch hinfiehre mid deine Schber-rensjer, saa mier das mò? Was soll dann aus dier mò genn? Dumm gebòòr unn niggs dedsuu gelehrd, so isses! Mid dier iss jò gaar kää graad Fuhr dse fahre, nidd heid unn nidd mòòrje! Fòòds nidd rum! Vun dier hann isch de Blaan im Sagg: De bischd nidd hinne wie vòòre! Raffschd die Schdään, woo annere schmeise solle unn schdibbelschd annere noch uff! So ebbes kennd mer jò! Wann duu die Schniss uffmachschd, isses schunn gelòò!

Kumm mer nuur jò nidd so, duu verdrähder Massigg! Isch kenn disch inne- unn auswensisch. Duu haschds fauschddigg hinner de Läffele, das wääs jeeder, kumm geh ford! Brauchschd disch nidd dse verschdelle, isch kenn mei Leid! Gischder noch ään

Kobb unn ään Aarsch, heid verkaddsbalsche se sisch wie die Kesselfligger. Unn duu bischd middemang debei. Wannde so weidermachschd, grischde mò Wasser in die Subb geschudd unn gehschd òòmends baarfuus ins Bedd.
Hugg disch graad! Dò fähle mier die Worde! Mennschde wirglisch, mid denne Fissemaddendscher gäädsche bei mier weid kumme? Im Lääwe nidd! Dò haschde disch awwer gewaldisch verhoob. Duu machschd doch nuur all Leid schdruwwelisch mid deine Faggse, duu glääner Laddserooner. Dier mach isch mò die Hòòr aus de Aue, mei Gneschdsche. Dò muschde frieher uffschdehn fier mier neie Grimmasse beidsebringe. Owwe hui, unne fui, wann mer disch nuur aanguggd, kennd mer die gans Kaard! Saa mer niggs, verschwinn in deim Dsimmer unn besser disch jeddse mò!

Glee, Beddsääscher unn e bissje Graas!

Wann de mier de Daach versaue willschd, danne schwäddsche de beschd iwwer mei Raase im Gaarde. Dò haschde danne ins Weschbeneschd geschdoch, glaab mers! Wie isch mei Raase aangelehd hann, hann isch gedenggd aan so e glään Schdigg Grienes hinnerm Haus – nidd meh! Es muss jò nidd aussiehn wie in Wimmbelde odder uffem Fuusballbladds vum Effdsee! Ääwe nuur e scheener Raase, woo die Leid saan: „Ei gugg mò dòò, wies die dòò so scheen hann hinnerm Haus!"
Wie es Graas noch glään waar, iss jeed Òòmend geneddsd genn, dasses aach waggsd wie e Weldmeischder. Unn danne iss de Raase kumm: Glääne Hälmscher erschd, awwer doch so, dass de haschd saan kinne: Das gebbd mò ebbes! Iwwer die Dseid hadd mer danne dussma gesiehn, wie sisch häämlisch der ään odder aaner Glee brääd gemach hadd unn hinnedraan de Beddsääscher. Was soll isch saan: Iwwer die Moonaade hann sisch die dswei schròhe Brieder uffgefiehrd, als hädde se

im Gaarde es Saan. „Na ja!", hadd mer gedenggd „danne gebbd ääwe geschdoch!"

De Nochber hadd sisch alsemò aan de Dsaun geschdelld unn geguggd, unn hadd dòòdebei de Kobb geschiddeld. Midlääd gridd mer jò geschenggd, nuur de Neid muss mer sisch verdiene! Beim Raase gebbdschde aggressiev odder debbressiev. Dedswische gebbds niggs! Dò grischde die Grussele, wann de nuur hinuggd! Isch hann mei Raase gemähd – wies sisch geheerd, jeed Wuch iwwer de Summer, runner unn ruff. Isch hann ne ferdigeddierd unn mid Dauwe-Dung gefidderd. Mei Raase waar mei gans Auemerg. Iwwer de Herbschd hann isch de Raase middem Graasresche abgekehrd unn fier de Winder gudd Kalg verdääld.

Awwer es näggschd Friehjòhr dann die gleisch Geschischd: De Glee unn de Beddsääscher hann sisch brääd gemach wie de Graaf Rodds. Nuur mei Raase hadd sisch glään gehall. Wann mers rischdisch holld, hann mier jeddse hinnerm Heisje alles mid Glee unn drei Graashälmscher drin. De Glee iss so raffenierd genn, dasser sisch unners Messer geduggd hadd, selbschd wie isch de Mäher diefer geleed hann.

Meim Raase hann isch die Wachd aangesaad: Wanner so weider machd, musser nidd dengge, dass isch so Fissemaddendscher midmache. Isch saad dsuu meiner Fraa: „Wanns nidd glabbd, holle mer e Kunschd-Raase, dò hadd mer Ruh unn das hann se beim Fuusball aach so. Dò breischd mer sisch nimmeh uffsereesche unn muss aach nidd meh jeed Wuch mähe."

Frieher Friehling

Grooguus im Deddsember.
De Feebruaar näggschdd
dswansisch Graad.
Middaachesse uff der Derrass.
Leid im Tieschärd.
De Biergaarde schunn uff.

Frieher gans annerschd:
Digger Schnee gefall,
Weiher dsuugefròòr,
gnaggskalder Winder!

Frieher Friehling -
dòòmòòls odder heit
äänfach nuur
e bissje
verruddschd?!

Freibaad-Geschbrääsch

„Aah, sinn ihr aach widder dò?" „Waare gischder meh dòò wie heid?" „Nää, nuur duu haschd noch gefähld. Das iss gleich uffgefall!" „Jò gischder muschd Meiner dsem Dogder?" „Hadder was gehadd?" „Nää, dirregd gefähld haddem niggs. Isch hann nuur gugge lasse, ob er ebbes hädd. Mer wääs jò nie! Es iss jeddse der neie Dogder dò unn isch hann gedenggd, der waar schunn in Ammeeregaa. Wer wääs, was der alles finnd? Die sinn jò in Ammeeregaa vill weider als hie!" „Das saaschde gudd,

die flieje jò schunn uff de Moond, unn mier sinn niddemò bis Kaldnaggisch kumm!" Hadd der Dogder ebbes gefunn?"
„Nää, nidd wirglisch!" „Ei dann gehn isch aach mò dòòhin, wann der niggs finnd!" „Meiner hadd jò niggs gehadd, awwer er hädd jò ebbes hann känne. Alsemò schbierd er sei Hiehnerau, wann es Wedder umschlaad. Bei mier iss aach soo e Piegser, wann ebbes im Aandsuuch iss! Mer fròòd sisch, obs ebbes Ernschdes iss odder nuur so!" „Die Daache iss Vollmoond, dò muss mer uffbasse. Das machd all Leid verriggd!" „Haschde gesiehn, die Schuulerkinner sinn middem Lehrer dò! Die hann heid Wannerdaach." „Jò, die Lehrer mache sisch mò e scheener Daach mid de Kinner!"
„Hadder ebbes verschrieb geesche es Hiehnerau?" „Nää, das bedsahld die Kass nidd! Das muss mer sisch selwerd verschreiwe!" „Iss beim Dogder vorn bei der Aanmeldung noch das Frollein vun immer?" „Jò, awwer der hadd aach noch soo e Junges inngeschdelld. Das heischd Taddjaana. Wer wääs woo das härkummd? Vun dò iss das nidd." „Das iss beschdimmd mid denne Flischdlinge vun junne kumm!" „Ach wirglisch, soo sidd das awwer nidd aus!" „Awwer dòòfier schwädds das schunn gudd Deidsch! „Mer glaabd jò nidd, wie schnell die Kinner das lehre." „Jò, wann se ebbes wirre wolle, misse se schwäddse kinne."
„Ääs hadd dsuu Meinem gesaad, dasser noch ebbes vun seim Urrien abgenn missd unn näggschd Wuch grääder sei Weerde. Kännd sinn, dass mer dò noch was enddeggd!" Dehemm hann isch heid Mòòrje alles schdehn unn leije geloss, hann nuur die Dasch geschnabbd unn furd."
„Muschd nidd dengge, dass dehemm uffgeraumd iss, wann isch serigg kumm. De Jääb mennd jò, die Aarwed machd sisch vun elään." „Ei schaffd deiner noch?" „Nää, der iss in Friehrend!" „Danne kännder jò mid dsem Schwimme kumme!" „Nää, der hadd dò niggs draan. Der saad: Morjens schwimmd nuur die

Brommenens unn middaachs die Rennedens." „Kannschde mò siehn, wie geschwäddsd gebbd!"

Werf niggs dse weid furd!

Wann all Saarlänner mò genau hingugge dääde, gääde se mergge, wie reisch se sinn. Im Saarland gebbds Kolle nidd nuur uff der Gruub odder bei der Schbaarkass. Mer glaabds jò nidd: Die rischdische Wäärdsache vun de Leid leije vòòr allem im Keller odder uffem Schbeischer.
Warrum hie all Leid Gaas genn, fier e eischnes Heisje dse grien? Das iss gans äänfach: Nò dsehn Jòhr kann e rischdischer Saarlänner gemäänerhann nimmeh umdsiehe, weil sei Keller unn woomeeschlisch aach noch de Schbeischer mid Sache vollgeschdobbd sinn. Uffreime wäär soo dsimmlisch die greilischd Schdròòf, die ääm bassiere kännd! Uffheewe odder weggschmeise? Woo de hinguggschd schreid alles allemò: „Werf misch nidd furd! Kännd sinn, dass de misch nommò breischd!"
Iwwerall heewe die Saarlänner uff, was mò schbääder Andigwidääde gebbd, wann ebbes nuur lang genungg ald genn iss. Leddschd Jòhr waar isch in Ammeerigga gewään unn binn dord iwwer e Flohmaargd gelaaf. Dò waare Dinger dsem Grawwele gewään. Nidd alles was ald iss, muss jò aach scheen sinn! Die Meewele waare dsem Fremdschääme soo òòrschäärisch. Die Dasse unn Dellere, woos dò genn hadd, häschde bei uns nidd middem Hinnere aangeguggd. Wann mier die Sammeldasse unn es gudd Subbe-Serwies vun der Ooma ausem Keller holle gääde, danne dääd de Ammi mò Aue mache. Bei mier sinns die Biescher. Es kinnd aach e Grangghääd sinn: Isch kann kää Buuch furdschmeise! Dò hadd jò ääner mò moonaadelang draan geschrieb odder e annerer hadd sisch im Buuchlaade Gedangge gemach, wasser mier dsem Geburds-

daach aussuche soll. Unn dò schdehschde jeddse in deim Keller unn wääschd nidd, wie de das Brobbleem furdschaffschd: E Haufe Biescher, die de schunn all gelääs haschd unn die jeddse in Kischde unn Kaschde geschdobbd sinn. Veleischd hadd aach de Audoor in dei Buuch ebbes ningeschrieb, woo de denggschd: Das därf mer doch ums Fregge nidd furdschmeise!
Isch hann jò schunn mò iwwerleed, ob isch mer nid fier all die Uwweraasch e Dsimmer aanbauc solld odder die Karraasch vergreesere. Dò hadd Meins gesaad: „Ei das wäär jò mò e glòòr Sach, wie isch de Keller raume!" Danne hadd se Biescher im Vereinsheim fier annere Leid ins Midhollreggaal geschdelld. Isch hann dò aach mò geguggd. Wammers rischdisch holld: Isch hann meh Biescher ausem Reggaal rausgeholl als wie mei Fraa ningeschdelld hadd. Unn iwwerhaubd gebbds bei der Saarland-Fillesefie jò de Grundsadds: „Werf niggs dse weid furd, sunschd muschdes dse weid holle gehn!"

Bis wääs Godd woohin weid wegg geflòò!

Manschmò fleeds isch misch middem Finger uff der Landkaard in de Sessel unn genn Lufdkuddscher dursch die Weldgeschischd. Dò bin isch mid meiner Fraa gans figgs hin unn wegg vun dehemm, wann mier in Ensemm in de Fliescher schdeie. Mier kumme woomeeschlisch bis nò Iddaalje odder Schbaanje, wann de Fliescher denne Daach aach flied. Annere Länner, annere Biller kumme ääm in de Kobb. Mer laafd dursch die Gässjer vunner glään Schdadd, schnuusd in Läädscher, woos nò Lawwenndel unn Roose rieschd, weil dò Sääf verkaaf gebbd unn Barfimm. Odder mier schbaddsiere iwwer de Maargd fier Gemies unn gugge nòòeme Obschd, das mer noch nie gess hann - Kummgwadds unn Babbeijass. Dò fròòd mer sisch, ob mer se schdiggweis odder nò em Killo kaafd. Nääwens aam Maargdbladds kumme mer dursche groos Pordaal inne ald

Kirsch. Dò schdaund mer Bauglädds, wie die frieher gebaud hann mid Maamoor unn soo. Wann veleischd geesche Middaach die Òòrjel schbield, huggd mer sisch inne Bangg unnere Glaasfinschder, woo die Sunn in all Faarwe eninn schbiddsd. Unn es iss aach noch scheen kiehl, dass mer gaar nimmeh raus will in die Hidds.

Schbääder leed mer sisch irjendwoo ins Graas unn guggd Lascher In die Lufd. Odder mier hugge gemiedlisch aam Schdrand vum Meer, woo die Welle blubbere unn allgebodd widders Uufer schlaan. Die Väschel greische unn aus irjend soorer Buddigg kummd Dansmussigg. Allewei heerd mer annere Geschbräasche, woo die Leid auslännisch schwäddse. Awwer mer kabbierd sò e bissje, was se sisch verdsehle, wann se uffgereeschd schwadduddle wie sunsch nuur ebbes.

Mid groos Aue guggd mer iwwer de Himmel - blòò wie nie, woo die Wolge e grooser weiser Ellefand odder e Drache in de Himmel mòòle. Manschmò vergròòdseld aach e Fluuchdseisch mid denne weise Schdreife es Firmemend, weil annere Leid in die Feerije flieje nò Ammeerigga odder veleischd weid wegg bis nò Schiena, woo mer kää Sòòrje unn nuur die Frääd all elään hadd.

De Òòmend huggd mer beim Glääsje rooder Wein in der Tawwern unn esse de Fisch, der dò gebròòd gebbd unn hinnerhäär das siese Desserd, woo mer nidd kennd, was awwer gudd schmaggd. Unn erschd, wann die Bimmel aan deiner Hausdier schelld, fròòschde disch, ob de gans figgs widder dehemm sinn muschd... Kannschd mò siehn, wie billisch mer rumkummd, unn mid was mer hinnerhäär danne aach noch schdrunse kännd!

Gligg im Kellerdaal

Himmelsgeischd
wieje Fedder
graad mò
verbeigeflòò,
vunnem Lifdsche
gedraah.
E Fliddsche
dsem Gligg mò
verwiddschd
unn dabber gans
feschd gehall -
in Engelfange!

Was nidd needisch gewään wäär!

Näägschd kummd widder die Weihnaachd unn mer fròòd sisch, was mer ääm schenggd unn was mer selwer geschenggd gridd. Hadd mer sisch gudd geschiggd, danne gridd mer vum Grischkindsche aach ebbes Scheenes. Unner uns: Das iss jò immer e gans schbannende Sach! Was sollschde kaafe, was hadd Ääs schunn, woomid kännd mer noch e Frääd mache, unn iwwerhaubd?
Grischde selwer e Geschengg, gebbschde meischd e bissje verleesche unn saaschd: „Das wäär jò nidd needisch gewään, isch holls awwer droddsdemm!" Mer soll jò kääner vòòr de

Kobb schdoose! Frieher hann se gemennd, dass mer schunn dòòdenòò, wie ääner sei Geschengg uffmachd, de Karragder siehn kännd. Schneid mer es Fissääl midder Schäär ab, iss mer e Verschwenner. Reisd mer es Babbier in Feddse runner, iss mer aggressiev. Gnilld mer alles sesamme fier de Milläämer, iss mer e Schdruddelpeeder.

Manschmò gridd mer ebbes, was wunnerschd wie scheen verpaggd iss. Veleischd isses e Buuch, woo mer schunn hadd, odder ebbes, was mer nidd breischd. Was machschde danne? E peinlisch Sach! Machd mer de Schauschbieler odder denggd mer: „Em geschenggde Gaul guggd mer nidd ins Maul, weil eh meischd ebbes faul iss draan!" Das wääs mer jò, awwer es heischd im Saarland: „Geschenggder Essisch iss immer noch besser wie Hoonisch, denne woo mer hadd kaafe misse!"

Unn die Kinner saan: „Vum Unggel, der ebbes midbringd, hadd mer meh wie vunner Dande, die nuur Glawwier schbiele kann!" Noch meh verschdelle muss mer sisch, wann mer ebbes gridd, woo mer driwwer simmelierd, was sisch ääner dòòdebei gedenggd hadd! Es gebbd jò so Haase-Geschengge odder ebbes iss iwwerhaubd fier die Kadds!

Geld se schengge iss aach nidd ungefährlisch: Wievill machd mer ins Kuwwäär enin? Isses dse weenisch, gebbd mer fier e Gniggsagg gehall. Annerschd erum dengge se, dass mer jò nuur mid seine Peenunse schdrunse will. Mer muss es Middelmaas finne! Wann e Mann seiner Fraa dser Weihnaachd weenisch schenggd, gebbd se gräädsisch. Schenggd er awwer sevill, gebbd se missdrauisch.

Die scheenschde Geschengge sinn all die, woo mer nidd kaafe kann. Veleischd e glään es Lache, woo mer nidd mid gereschned hadd odder e gudd Word, woo mer graad in demm Mommend breische kann. So Geschengge sinn dann e glään Wunner unn mer hadd dòòdefier noch niddemò Geld ausgenn!

Woo die Mussigg schbield...

„De Samschdach gehn mier uffs Kondserd!", saad Meins unn dò wääs isch gleisch, was die Uhr geschlaa hadd: Mier grien die Kulduur mò widder gans neggschd se siehn. Wann mer danne middemang debei iss, lauschderd mer, was fier Mussigg geschbield gebbd. Naddierlisch guggd mer aach, wäär noch dòò iss, dass mer sisch scsammehuggd, fier midnanner dse schwäddse, wies ääm gefalld. Meischd schbille se jò ebbes, was die Leid schunn kenne. Manschmò awwer gebbds aach so neimoodisch Dseisch, dass mer denggd, se hääde die Noode verkehrd erum uff de Noodeschdänner geschbingeld.

Äämòò sinn mier beim Konserd gewään, dò hadd sisch die Mussigg aangeheerd, als hädd mer der Kadds uff de Schwans gedrähd. Die hann uff die Tuub gedriggd, dass ääm die Drombeed ins ään Ohr rinn unn dsem annere Ohre widder rauskumm iss. Heere unn Siehn iss ääm dòòdebei vergang. Die Mussiggmacher sinn uff Infäll kumm, die gegrawweld hann. Mid dswei Schdubbi-Flasche hadd ääner de Tagd geschlaa, aach wann der Mann am Schlaachdseisch noch e gans Baddrie vunn Drommele vòòr sisch gehadd hadd. Das muschd du dier mò vòòrschdelle! Unn iwwerhaubd: Nò unn nò iss der ään odder anner uffgeschdann unn danne verschwunn.

Erschd hann isch gedenggd, dasse es Wasser nimmeh halle kunnde. Awwer die sinn nimmeh widder kumm unn hann sisch uff Franseesisch verdriggd. Dsem Schluss waare meh läär Schdiehl wie Dsuuheerer dò. Kannsche mò siehn! De Abblaus iss midde Fies gemach genn, awwer nòòhäär hann danne immer noch e paar Leid gegladdschd. Das waare die Freinde vunn de Mussigger. Die wollde, dasse noch weider mache. Mer wääs jò nie, was anner Leid fiere Geschmagg hann.

Das alles iss awwer kää Grund fier Driebsaal nò Noode dse blòòse. Leddschd waare mer in der Kirsch gewään, woo se die Mussigg soggaar mid der Blòòskabbell geschbield hann. Das

waar so laud gewään, dass all Engelscher sem Kirschefinschder naus geflòò sinn. De Herr Baschdoor hadd ingangs gesaad, dasser froh wäär, weil heid de liewe Godd mò rischdisch hochlääwe gelass genn gääb.
Obs demm hinnehäär gefall hadd, wääs mer jò nidd. „Scheen iss annerschd!", hann isch dsuu Meinem gesaad, awwer Ääs hadd gemennd, isch hädd jò kää Ahnung vun der moddern Mussigg unn iwwerhaubd: So iss die neimoodisch Mussigg unn dò muss mer dursch! Danne kann mer erschd rischdisch midschwäddse!

Niggs wie Zòòres mid der Dseid!

Die Dseid vergeh, die Dseid schdehd schdill, die Dseid fliest! Alles kann se mache. Mer waard vòòrem Schalder innrer Schlang unn die Dseid dsiehd sisch wie Kaugummi. E anner Mòò huggd mer sesamme unn im Nuu isses schunn nò Middernaachd. „Wann mer die Dseid mò aanhalle dääd, wie lang gääd se danne schdill schdehn?", fròòd mer sisch. Dei Uhr bleibd woomeeschlisch schdehn, awwer dei Dseid laafd weider. Mansch ääner schilld iwwer die schleschd Dseid, uff der anner Seid schlaad mer die Dseid awwer aach dood mid Dseidverdreib. Die Leid gehn mid der Dseid nidd immer aanschdännisch um. „Isch wääs nidd, wass isch mache soll?", fròòd schunn es Glään sei Mamme. „Ei dreib mò die Schnegge nò Medds fier die Dseid dse verdreiwe!", so hadds frieher schummò gehiesch, weil Medds gans weid furd waar.
„Alles hadd sei Dseid!" hadd schunn ääner in der Biebel geschrieb. Awwer duu allään muschd mid deiner Dseid glaarkumme, im Summer unn im Winder! Mer fròòd jò aach nidd die Uhr, ob se mied gebbd, unn nidd die Naachd hinnerhäär, wie se geschlòòf hadd! Allewei guggd mer uff die Uhr, weil mer sisch nò der Dseid rischde muss. „Geh mid der

Dseid!", saan se. Unn wann de mid der Dseid gehschd, saan se hinnenòò, es wäär Dseid gewään, dass de dabber gang bischd.
Dseid kann mer verliere unn gewinne. Fier die Dseid, woo annere ääm glaue, gebbds kää Funndbirro. Unn se saan: „Dseid verschengge gebbd rischdisch deier!"
Es heischd soggaar: Dseid iss Geld! Unn alsemò hann se kää Dseid meh, wann se Geld hann odder wann se noch nidd genuch hann. Wann mer schdännisch guggd, dass mer Dseid gewinnd, gehd se ääm graadselääds verlòòr. Nòòdengge iwwer die Dseid - dòò kummschde bis dsem Uurgnall, de fallschd in schwaardse Läscher rin unn hinnenòò simmelierd mer: „Beim Nòòdengge finnd mer kää Enn: Heid waar gischder mòòrje!"
„Lass dier Dseid, duu kummschd noch frieh genuch dse schbääd!" So schwäddse se, wann mer aanfangd, hinner der Dseid häär dse heddse. Holl der e bissje Dseid, fier dse schbiere, dass es noch ebbes meh gebbd als wie nuur erum dse jaggere! „Es iss nidd weenisch Dseid, woo mer hadd, awwer vill Dseid, woo mer nidd nuddse duud!" Das hadd de Seneca vòòr 2000 Jòhr gesaad. Fiers Fillesefiere iwwer die Dseid hadd der gans vill Dseid gehadd.

Wäär guggd nò der Fraa?

Es waarer niggs se vill,
se hadd de Gaarde geneddsd
unn de Vochel gefidderd,
wann se in Feerje waare.
Unn se hadd nò em Glään geguggd,
als wäär se die rischdisch Ooma.
Se iss erschd ins Bedd gang,
wann se widder dehemm waare.
Wäär guggd jeddse nò der Fraa,
woo se gang iss
unn unnerm Boddem leid
fier immer?

(1.Preis Saarl. Mundartwettbewerb 1981)

Dò kinnd isch misch uffreesche...

Ääner bredderd wie in Monnaggo mimm Audo durschs Wohnvirdel, schunn isses bassierd: All Leid sinn figgs unn ferdisch! De liebschd gääd mer demm Laddserooner de Kiwwel reiwe unn mò rischdisch die Määnung geie. Eh dass isch awwer midder Sauboll ninschlaan unn demm mò die Hòhr aus de Aue mache, saad Meins: „Dengg aan die Bluuddrugg!"
Eischendlisch hädd mer jeeder Daach ebbes, fier uff Hunnerdachdsisch se kumme. Im Fernseh gebbds soggaar Sendunge, woo sisch die Leid midnanner in die Woll grien unn mid Dregg beschmeise. Dò gridd mer woomeeschlisch ebbes aan sisch, wann mer sooem wiedisch Ribb dsuuguggd. Muss mer sisch dò nidd uffreesche? Heidsedaachs isses jò allewei soo: Kaum hadd

ääner ebbes gesaad, was nidd so gans kooscher gewään iss, fiehle sisch hunnerddausend Leid beleidischd, als hädde se nuur druff gewaard, dass ääner e Dsischel logger hadd. Dòòdevun gehd awwer die Weld nidd unner! Droddsdemm hann mannsche rischdisch Schbass draan, die Bagge uffdseblòòse unn wer wääs wie uff beleidischd dse mache. Die schdelle sisch draan, als hädde se es Eelend all elään. Das alles gebbd noch midder laud „Begleidmussigg" unnerschdrisch: „Himmel, Aarsch unn Dswirn!"

Beim Fääsbugg mache se hinnenòò e Schiddschdòrm, wie de noch kääner erlääbd haschd. Isch dengg mer, der ään odder anner Kommendaar im Fääsbugg dääd mer besser mid aangedsòòner Brems rinseddse, dass mer jeeder Kommendaar erschd nò drei Daach im Indernedd lääse kinnd. Dò wäär die gans Uffreeschung längschd widder uff Normaaldembradduur serigg gefahr. Niggs gebbd so heis gess, wies gekochd gebbd, saad mer bei uns. Veleischd gridd ääner vòòrhäär noch vum Heilische Geischd e Gedanggeblidds geschiggd? Woomeeschlisch wääs aach kääner meh nò dswei Daach, woodriwwer mer sisch eischendlisch verkabbeld gehadd hadd.

Heid dääde mansche Leid am liebschde sofford de Reschdsaanwald inschalde, wanns mò nidd nò em eischne Kobb gehd. Wie isch leddschdens mei Reschdsaanwald gedroff hann, hann isch gefròòd: „Unn, wie gehds?" „Dò hadder gelachd unn gesaad: „Mer kann nie genuch glaache!"

Unn iwwerhaubd: Isch kännd misch jò schdännisch uffreesche, muss awwer nidd. Ofd saan isch: „Das hann isch awwer nidd geheerd, was isch dò geheerd hann! "Besser wäärs noch, mer halld die Glabb unn denggd sisch Seins: „Ruddsch mer de Buggel nunner!" Dòòdemid sinn mansche Leid meh geschdròòfd, als wie wann mer aus der Buggs schbringd.

Sisch ärjere!

Kumm jedds mò raus!
Mid Ääns, Dswei, Drei!
Werf mò die Sechs
Unn nidd die Dswei!
Gans gnabb denääwe
iss dann aach verbei!

Du bischd jedds draan!
Dsei was mer kann!
Kumm ausem Haus,
gans schleschd geworf
unn aus die Maus!
So flied mer raus!

Jedds allee hobb
Geworf unn tobb.
Unn nochmò Sechs,
du glänni Heggs.
Schbugg als gudd druff
Unn wirfel weider.
Jeddse laafds
das gebbd noch heider.
Werf jedds kää vier
Das saan isch dier.
Dann wäär isch bees.
Dei Gligg – kää Vier!
Nommò verbei unn
ääns, dswei, drei
de leddsde rinn
ins sischre Haus:
Das Schbiel iss aus!

Niggs wie Sòòrje ums Helleene!

Beinäggschd waar ääm die gans Weihnaachdsfrääd versaud gewään, wie mer geheerd hadd, dass de Flooriaan es Helleene hugge gelass hann soll. „Wie kann das aarm dribbsdrillisch Määde dòò iwwerhaubd noch uffdrähde, ohne Rodds unn Wasser dse heile?", hadd mer sisch gefròòd. Unn wäär hadd die Schuld aan demm gans Schlammassel: „Äär naddierlisch! Wer sunschd?" Erschd wie in der Dseidung geschdann hadd, dass Ääs e Neier hädd, isses ääm widder besser gang.
Dò hadd mer awwer droddsdemm uffgebassd, ob soo was em Helleene nòògehd, woo Ääs doch de Weihnaachdsdaach drei Schdunne es Broggramm im Fernseher hadd mache misse. Awwers waar wie immer: Ääs hadd gedannsd, gesung unn geschwäddsd wie wann niggs gewään wäär! Unn de Daach denòò bei der Widderhoolung graad genausoo! Mer iss baff gewään, wie sisch das Määde beherrsche kann!
Dann hadd die Dseidung geschrieb, dass de neie Freind in finf Minnudde in 82 Unnerbuggse geschlubbd unn dòòdemidd ins Ginnessbuuch eninkumm iss. Ei saa mò, woo simmer danne? Sem Dunnerliddsche! In finf Minnudde pagg isch noch niddemò dsehn Unnerbuggse. Wie schaffd der das? Dsiehd der die Unnerbuggse mid Gleddverschluss iwwernanner aan, wanns woomeeschlisch so Unnerbuggse gebbd? Unn woofier iss das wischdisch, dass mer so ebbes kann, unn iwwerhaubd: Was saad es Helleene dòòdedsuu, wanner iwwer die ään Unnerbuggs noch 81 driwwer dsiehd? Isch glaab das jò nidd, wann isch so ebbes nidd mid eischne Aue gesiehn hann. Wolld er woomeeschlisch mid so Färdsjer em Helleene nuur imbonniere, wääs mers?
Aam Enn hann sisch es Helleene unn de Flooriaan gaar nidd gedrennd? Es is jò nidd alles juschd, was die Leid iwwers Helleene saan. Jeedefalls waare se leddschd im Fernseher widder beineggschd so gudd wie sesamme unn der nei Freind

hadd sisch nidd siehn gelass! Mer wääs jò, dass im Schaubissness so FäägNjuus allemò fier de Schbass erfunn genn. Meeschlisch, dass die gans Uffreeschung fier die Kadds gewään iss? Kännd sinn, dasses Helleene aach nuur ebbes vun Drennung simmelierd hadd, fier dass de Flooriaan e bissje Schiss gridd unn nidd nääwenaus gehd? Odder de Flooriaan hadd sisch gedrennd, weil er nidd mid seine Unnerbuggse ins Ginnessbuuch kumm iss unn dò schäämder sisch jeddse, dassem e annerer de Rang abgelaaf hadd. Alles nuur Fròòe unn kääner wääs niggs Genaues! So isses, wann mer sisch allewei Sòòrje machd unn sisch (neideitsch) nidd „uffschlaue" kann!

Kaddsejammer middem Ällergenn!

„Mier sinn noch jung, ald genn mier frieh genuch!", hann se aan der Faasend gesung unn sinn dòòdebei droddsdemm jeeder Daach e bissje äller genn. Gemäänerhann isses jò so: All wolle se ald genn, awwer kääner maan gäär ald sinn. „Isch bin noch nidd so ald wie mei Vadder!" So saad mer, wann die eischne Kinner menne, mer wäär dussma fier das ään odder annere schunn dse ald.
Wann mer äller gebbd, gebbd mer e bissje meh konserwaddiev. Es gnaggsd aan alle Egge! Awwer wie bassd das sesamme: Konsewaddiev - unn sisch dòòdebei e neies Hifdgelengg inbaue lasse? Jò, soggaar die Haud gebbd langsamm runselisch. Dò wirre all Tadduus schrumbelisch wie e ald Grumbeer! Mansche Leit schreiwe alles uff. Dò kann ääm niggs meh bassiere. Am Enn schreibd mer soggaar e ganses Buuch iwwers Lääwe, fier dass mer mò schbääder lääse kann, wies ääm im Lääwe so gang iss.
Middem Aldgenn iss das ääwe so e Sach: Jeeder Daach guggd mer e bissje genauer nò de Doodes-Aandseische in der Dseidung unn mer wunnerd sisch: „Was? Däär? Denne hann

isch doch leddschd Wuch noch gesiehn? Unn noch so jung, unn iwwerhaubd?" Innewensisch gridd mer dò so e Gefiehl, was ääm saad: „Gugg nuur jò, dass es noch e paar Jòhr gudd gehd! Danne saad mer sisch, dass mer ab sofford jeeder Daach lääbd unn es Beschde rausholld!

Iwwer die Wuch halld mer sisch beinäggschd meh beim Dogder uff als wie dehemm. Allewei schduddierd mer e bissje genauer es Dsendraal-orgaan vun der Rendner, die Abbedeeger-Umschau. Dò lääsd mer danne vun Grangghääde, die mer noch nie gehadd hadd unn mer fròòd sisch, ob mer das ään odder annere nidd aach noch grien kinnd. Dabber fahrd mer in die Kuur unn lehrd dò ebbes gans Neijes kenne: E Kuurschadde, awwer e rischdischer! Hinnenòò ball vergess unn gudd! Weil de Kuurschadde e Schdernschnubb gewään iss: In der Kuur Schdern unn hinnenòò schnubbe!

Mid Seschdsisch will mer noch gnaggisch sinn unn rischdisch fidd, wann mer aus der Muggibuud kummd: Nimmeh gans jung awwer weeneschens noch e bissje defier gehall genn. Es iss wies iss unn es bleibd wies iss! Schdännisch iss mer jeddse aam Suuche vun irjendebbes. Wann de danne dei erschdes gròòes Hòòr gefunn haschd, danne bischde aach dòòdemid dursch. Awwer Godd sei Dangg haschde das noch nidd verlòòr!

Gudd schdehn...

De Jubbe nuur noch
offe gedraah,
e schdännischer Reddungsring
um die Ribbe,
die Buggse schdremme
iwwer de Bauch,
unn die Freinde saan:
"Bischd e bissje digger genn,
schdehd der awwer gudd!'
Aweile bass nuur uff!
De grischd so digge Bagge,
dass dei Naasefahrrad
druff schdehn kann,
die Buggs ruddschd immer meh
unner de Bauch
unn midder Lochdsang
peddschde als neije Läscher
inn dei Girdel.
De kaafschd schdännisch immer
weidere Hemmder,
dei Fraa muss die Knäbb verseddse
unn bei de Buggse
de Hinnere rauslosse.
Ääner saad:
Mid Seschdsisch
verdääld sischs annerschd!
Die Wòò dseid seid Jòhre immer
neindsisch Killo aan.
Wannde se mòò
in Rebberaduur bringe gäädschd,
kännschde das dòò Gewischd
nimmeh halle.

Wäänsches-Ballaawer

Äämòò in der Wuch fahre mier in de Subbermaargd. Dò breischd mer de erschd mò e Eiroo, fier dass mer das Wäänsche aach vun der Kedd gridd. Wann mers rischdisch holld: Ääner Eiroo iss eischendlisch billisch fier so e Wäänsche! Isch binn vòor Moonaade mò dursch denne Laade gelaaf unn hann der Reih nò all Sache, woo mier gemäänerhann kaafe, in de Kombjuuder ingenn. Dò duud Meins jeddse uffem Inkaafsdseddel nuur noch aangreidse, wasses hann will.
Unne uffem Dseddel kann se noch das ään odder anner uffschreiwe, wass nidd jeed Wuch kaaf gebbd. Muschd awwer nidd glaawe, dass jeddse alles äänfacher gehd. Leddschd Wuch hann se in demm Laade all Reggaale verschdelld unn alles hadd greids unn gweer geschdann. Die mache das egsdra, fier dass all Leid mò rischdisch wurres genn.
Wie mier gefròòd hann, ob der Sallaad aach frisch wäär, hadd die Verkeiferin gebaubsd: „Ei das wäär jò dsem Dunnerwedder, wann mier nidd siehn gääde, dass der Salaad noch vòòrer Dreivirdelschdunn uffem Feld geschdann hädd." Mier hann danne niggs meh gesaad unn sinn die Aangeboode gugge gang. Dò hadds Schuh, Schdrimb unn Unnerbuggse unn was wääs isch was noch alles gebb. Isch hann gefròòd, woo die Kabbiene sinn, fier die Unnerbuggse mò aandsebrowwiere, awwer die Verkeiferin hadd nuur de Kobb geschiddeld.
Mid demm Wäänsche muschde uffbasse, nidd dass annere Leid gerembeld genn odder dass mer e Karrambelaasch machd. Mei Fraa hadd alles durschenanner ins Wäänsche geschmiss unn isch hann als immer nò der Ordnung im Wäänsche gugge misse. Nidd dass es Dseisch, woo verdriggd gebbd, gans unne leid! Unn dòòdriwwer hädde mer uns beinäggschd noch in die Woll gridd.
Wie mier danne aan die Kass kumm sinn, hadd dò e Wäänsches-Schlang geschdann. Mer glaabd jò nidd, was die

Leid so alles inkaafe. Isch fròò misch immer, ob die wirglisch alles esse, wasse im Wäänsche hann. Manschmò dengg isch, die wolle nuur schdrunse, weil se vill inkaafe. Die Fraa aan der Kass hadd widder mei gans Ordnung durschenanner gebrung. Die hadd so schnell alles iwwer de Piebser gedsòò, dass de beinäggschd dòòrdisch genn bischd.
Am Audo hammer danne alles inne Wäschkorb ringereimd unn sinn dabber hemmgefahr. Nääggschd Mòòl holl isch mer fier ääner Eiroo das Wäänsche mid: Das gebbd grien laggierd unn als Deggeradsjoon in de Gaarde geschdelld. Dò hann die Bluume vun unne Lufd, mer kann se gudd giese unn das duud aach noch gudd aussiehn!

Ordnung mid der Dseddelwirdschafd!

Isch hann leddschdens ääner kenne gelehrd, der hadd fier die Ordnung im Haus e eischnes Dseddel-Sischdeem erfunn. Dò hann isch mier gleisch e ganser Blogg mid gääle Dseddel kaaf, die woo mer iwwerall hinbabbe kann. Fier die Wuch wischdisch iss de Inkaafdseddel. Der iss ingedäält in Grummbiere, Nuudele, Gemies unn Obschd, Milsch, Wurschd unn Kääs, Droggeriesache unn Buddsmiddel. Dann gebbds aach noch de Nääwebei-gesaad-Dseddel, woo ebbes fier de näggschde Mommend uffgeschrieb gebbd: „Kellerfinschder dsumache! Inkaafsdasch midholle! Ooma aam Buss abholle! Es Glään kummd de Nommiddaa um vier!"
Manschmò glääbd aam Dellefoon e Dseddel, fier dass mer mò ääner aanruufd. Unn aan der Dier hängd e Dseddel, dass mer beim Weggehn nidd vergessd, de Milläämer midseholle odder all Finschder dsuudsemache. Es gebbd aach noch de Schdadd-Dseddel, was mer in der Schdadd dse kaafe odder nuur mò dse gugge hadd. De Schdadd-Dseddel iss in der Dseddelwirdschafd so ebbes wie de Feierdaach vun all Dseddele. Dò kaafd mer

ebbes, wasses uffem Dorf nidd gebbd. Unn mer muss noch achdbasse, dass mer sisch nidd wer wääs vun was logge lassd unn so.

Danne gebbds noch Dseddel, woo die Fraa irjendwoo hinbabbd. Das sinn so glääne Erinnerunge fier die Milltonn odder fier de Geburdsdaach vun demm ään odder anner, denne woo mer nidd vergesse därf. Uffem Schreibdisch glääwe Dseddel, was mer gans wischdisch mache muss. Wann die Fraa saad: „Isch hann der e Dseddel geschrieb...", danne wääs mer: Es gebbd kää Widderredd! Annere Dseddel leije aam Naachdsdisch: Dò sinn die ganse Infäll druffgeschrieb, die ääm in der Naachd in de Kobb kumme. Meischdens hädd mer jò alles vergess de näggschde Mòòrje, weil in der Naachd kumme ääm die beschde Iddeeje.

Die scheenschde Dseddele sinn die Räädsel-Dseddel. Dò muss mer rausfinne, was mer dò mò irjendwann uffgeschrieb hadd. Bei demm ääne kann mer sei eischne Schrifd nimmeh lääse, weil mer wie e Dogder geschrieb hadd unn die annere kammer lääse, wääs awwer nidd, was das heische soll. Sammelpunggd vun wischdische Dseddele iss die Pinnwand: Dò gehds gans wurres dsuu! Mer finnd glääne unn groose Dseddel, Ausgeschniddnes aus der Dseidung, Vissiddekaarde, Blään unn Gwiddunge. Alles Uwweraasch, dass mer beinäggschd schunn vunnem Gesamdkunschdwergg schwäddse kännd. Wann mers jeddse rischdisch holld: „Mid ohne Dseddel wäär isch gladd verlòòr!"

Sunnwendnaachd unn Summergligg!

Ääns wääs mer genau: Die dòò Naachd gebbd kurds! Fier e Auebligg hädd mer gäär, dass die Uhr schdill schdehd. Midde im Jòhr -ausgangs vum Friehling- leid das Daadumm unn heid Òòmend isses widder so weid, eggsagd um 23 Uhr, 43

Minnudde. Mer hadds schunn iwwer Wuche geschbierd unn danne: Da! De Summer iss dò! De Mòòrje hadd frieh aangefang unn de Daach langd bis weid in de Òòmend ninn. Danne kummd se - die maagisch Sunnwend, woo die Naachd nuur halb so lang iss wie de Daach!
Sellemòòls hadd die Kirsch de Gehansdaach gemiggsd middem heidnische Sunnwendfeschd, dass mer dò mid ohne Bammel unnem gudd Gewisse feire kunnd! Meischd gebbd e groos Fläggersche gemach unn alles drumerum iss de Middelpunggd. Feierflammefungge schbriddse glääne Irrlischder in de Naachdshimmel geesche die Geischder unn Däämmoone, die woo jeddse aus de Schlubbläscher kumme unn ihr Fòòds dreiwe wolle. All genn in die Gluud geloggd unn schwubbdiwwubb „Grilling mi sofdli" sinn se furd. So kanns gehn am Rabbaarwer-Silweschder.
Kummd de Juuni mid gudd Wedder, sinn soggaar die Leid vill nedder! Unnerm brääde Himmelsblau uffer grien Wies buddse sisch die Daache mid der hell Sunn scheen raus. Gehansbeebscher schwirre erum. Wie innrer Hängemadd schaugele die Ähre uffem Feld hin unn häär. Dò drobbd die Dseid runner wie de Hoonisch vum Läffel. Mer fängd aan dse drääme. Kännde Juuni-Òòmende schwäddse, gääde se demid schdrunse, dasse es Pussiere erfunn hädde! Dò schlaads Herds -mer wääs nidd warrum- gans figgs unn mer will de Summer erlääwe, dass mer sisch aan demm Gefiehl aach noch im Winder wärme kann. Waarm isses unn glaar unn iwwerhaubd: So kann mers hann! Es Wannilje-Eis schmaggd nò Freihääd unn Feerje.
Summerdseid iss wie defier gemach, dei Faulhääd dse äschdemiere. Mansche glaawe, es wäär jeddse die Dseid, fier all das nidd mache dse misse, woofiers im Winder dse kald gewään waar. Nääwebei gesaad: Middem Summer kumme aach die Brummer! Es gebbd allgebodd Weschbe unn Biene. Mer heerd niggs als wie nuur Gesumms. Wann die Sunn Blòòdere scheind, dääde die Bääm am liebschde de Hunde nòòlaafe. Ann

heise Daache gebbd selbschd de eischne Schadde dsem Freind. Mer gehd ins Freibaad unn robbd sisch dord die Glääder vum Leib. Nuur mò unner uns: Nidd alles, was naggisch erumlaafd, iss aach scheen! In denne Wuche duud soggaar de Rään rischdisch gudd unn mer hadds Gefiehl, als gääd de Summer nie sei Enn finne. Awwer wanns hinnenòò em Summer dse bund gebbd, danne fangd de Herbschd aan.

Gudd geschwiddsd!

Leddschd Wuch waare mier bei uns im Schwimmbaad. Dò gebbds e gans nei Dambsauna unn mei Fraa unn isch sinn dò mò ningang, weils niggs koschd unn schaade kanns aach nidd.
Drin hadds gedämbd, dass de dei Hänn nidd vòòr de Aue gesiehn haschd. Dò missd mer erum daddsche, fier die Siddsbangg se finne. Kannschd mer glaawe: Bis mer gehuggd hadd, hadd mer sisch dò mierniggsdierniggs vergriff!
Dann isses Geschwädds lossgang. Mer hadd jò kääner rischdisch gesiehn, nuur ääwe geheerd, wasse so menne unn wasse dengge unn so. Erschd iss iwwer de Fuusball fillesefierd genn: Beefaubee geeschde Bayre! Dò sinn jò rischdische Rewwiere verteidischd genn. Unn das wäär jò eischendlisch nimmeh scheen, wann dò die Bayre immer de Boggaal abschdaawe. Wie de Fuusball dursch waar, hann se iwwer die Leid im Dorf geräddschd. Mer iss baff gewään, was dò alles verdsähld genn iss: Wer mid wemm unn wer geesche wenne unn wie unn warrum unn wääs Godd was noch alles…
Hinnenòò hann se dann die Bolledigg in die Mangel geholl unn wie die Mergels immer in der Weldgeschischd erumkuddschierd. Der aarm Mann vun der Mergel wäär sauer, weil er sisch sei Esse selwerd mache missd. Ääner hadd gesaad: „Wann isch hemmkumm, ruuf isch schunn im Drebbehaus: „Isch sinn dò! Danne wääs Meins, dass de Hunger kummd." All hannse

middem Mann vun der Mergels Midlääd gehadd, weiler all die Jòhre fier niggs nòem Esse geruufd hadd. Unn wäär sei Fraa mò dò gewään, dann waar se mied vum Schaffe!"
Wie all so geschwäddsd hann midnanner, hadd mer mei Fraa gepischberd, dass se die Schdimm vum Herr Baschdoor erkannd hädd. Dò hann isch die Ohre geschbiddsd unn genau dsuugeheerd, wasser so verdsähld hadd. "Unn wie isses?", hadd ääner wisse wolle, „aach emòò rischdisch schwiddse?" Dù hadd de Baschdoor gesaad, dasser gemäänerhann jò nidd in die Sauna gehd. Awwer all annere wääre die Wuch uffrer Pilscherrääs unn gääde dord schwiddse.
Dò hannse all gelachd unn er hadd gemennd, dass ääm abunndsuu so e glään Schwiddskuur gudd duud – nidd nuur fier de Boddi, aach fier die Seel. Hurrdisch hadd ääner es Geschbrääsch uff die Feerje gebrung, sunschd wääre mer in der Dambsauna noch middem Weihwasser geschbrensd genn.
Mier sinn weesche de Lewwerwurschdfinger danne nimmeh lang in der Sauna dringeblieb. Nuur hann isch dsuu meiner Fraa hinnenòò gesaad, dass isch es näggschde Mòò ebbes dse schreiwe midholle. Was mer dò alles midgridd, gäng uff kää Kuhhaud gehn!

Lääwe wie e Wadds!

Leddschd binn isch in Ammeerigga gewään. Mer saad jò, dass alles, was die dò so hann, nò dsehn Jòhr aach bei uns kummd, weil mier e bissje hinnehodd sinn. Das waar beim Roggenroll unn bei de Schiensbuggse so gewään, aach beim Hallowien unn beim Donnald Dramb.
Isch hann nääwens vunnem glääne Paarg gewohnd, denne hann isch vun der Derrass im Aue gehadd. Aam meischde sinn Hunde in dem Paarg erum gefiehrd genn. Die hann gans glaar die Iwwerhand gehadd. Dò haschde all Sorde gesiehn,

Schauschau unn Dallmaadiener, Afgaane unn Dogge. Ään Fraa hadd wie die Gwien vun England so drollische Korgies gehadd. Unn die sinn danne midder Meijeschdääd erum schbaddsierd. Die Hunde hann im Paarg alles gemach - gelaaf, geschnubberd unn geschiss. Das awwer iss hinnenòò wegg gemach genn, sollang ääner dsuugeguggd hadd. Wann die Hunde geschiss gehadd hann, hann se de Bobbes middem feischde Duuch abgewischd gridd unn de Sabbel vun der Schnauds aach, naddierlisch in umgekehrder Reih.
In Ammeerigga mache se alles fier die Hunde. „Kääm tuu se Mämmi!", hannse dsem Hund gesaad. Ääner Hund hadd nidd geheerd, es waar e deidscher Schäferhund gewään. Der hadd woomeeschlisch kää Ammerregaanisch verschdann. Mer suuchd in Ammeerigga immer e Endschulldischung, wann de Hund nidd parrierd: „Der iss heid so nerwees, weiler mòòrje Geburdsdaach hadd!" „Meiner iss e rischdischer Dilldabbes, das hadder vun seim Vadder!" Isch hann aach Hunde mid glääne Umhäng unn Baddschkabbe gesiehn. Äämòò iss e Hund kumm, der hadd soggaar Gummischdiwwele aangehadd, nidd dasser midde Poode irjendwoo in ebbes nindrääd.
In Ammeerigga gebbds heidsedaachs schunn Hundekinner-gäärde unn die Hunde gehn dser Koschmeediggerinn unn grien die Nääschel gelaggd. De leddschde Schrei sinn Gralle mid Gliddser-Effegd! Neilisch hann isch soggaar e Hund middem glääne Piersing-Ring in der Dsung gesiehn. De Òòmend gridd de Hund e weises Naachdshemd aangedsòò, fier dasser gudd nääwem Frausche schlòòfe kann.
„Korrischee la fresse", saan se bei uns. In Ammeerigga heischd das „Fääslifding". Dò kann mer em Hund die Baggegnoche schdremme, dass mer ne beinäggschd middem Frausche verweggseld.
Wanns räänd, holld mer de Hund unner de Manndel, nidd dasser nass gebbd - de Hund. Meischd bassd der Halder uff de Hund uff unn nidd annerschd erum. Iss alles e bissje vergweer,

awwer manschmò simmelier isch driwwer, ob mier de Ammis nidd graad alles missde nòòmache!

Glòòr Weld!

Es Hirn vum Hinggel
unn de Schwans
vun der Kadds gans äänfach
sesammegeschdobbeld
dsuu äänem Diersche.

Odder de Kobb vunnem Hund
aangebabbd
uffem Aarsch vun der Kuh.
Dass die dumm Kuh jeddse
middem Aarsch belle kann.

E Aff gegloond.
Im Nullkommaniggs
middem Pabbegei gemiggsd.
Veleischd dòòdebei mòò
e gans nei Diersche erfunn.

So e glään bissje
liewer Godd geschbilld.

Verdrähd Weld, verkehrd Weld?
Nei Weld, glòòr Weld,
scheen Weld,
gudd Weld?

Graadiss, naggisch unn sooo!

Gemäänerhann gebbd es Schwäddse bei uns in gans kurdse Sädds geraffd unn mid de gläänschde Wärder. Das iss die Kunschd: Redde unn reddedsiere! Wäär so ebbes im Saarland nidd kann, kummd vum Schdeggelsche dsem Schdeggsche. Es iss ääwe so: Wann de wääschd, was de saaschd, kannschde schwäddse, was de willschd! Bei uns im Saarland hann mier so glääne Schlisselwärder. Dòòdemid kannschde vill saan, ohne dass mer ebbes schwäddsd. „Glääne Grodde hanns meischde Gifd!", saad mer hie, graad wie die gläänschde Wärder am meischde saan. „Unn?" Das heischd: "Wie gehds, alles glaar, was schaffschde danne, was machd Deins dehemm?" Graad genauso isses beim Wärdsche „so".

„So" iss es gläänschde Word, woos iwwerhaubd gebbd. Awwer das hadds fauschddigg hinner de Buchschdaawe. Jeeder kann sisch dòòdedsuu danne Seins dengge. So hadd mers jò gääre: Gans äänfach gesaad, kurds unn schmerdsloos - gudd iss! Mer muss die Wärder holle wie se kumme! Das glääne Word „so" breischd mer abbendsuu mò, fier sich sellwerd e bissje dse bauchbinsele. Dò saad mer schummò: „Vergwäär, graddsbirschdisch, gemään, hinnerfordsisch" – sooo sinn mier graad gaar nidd, dòòdefier sinn mier nidd dse hann!" Wann mer im Saarland mid der Aarwed ferdisch iss, saad mer gans kurds „Sò!" Eischendlisch heischd das: „Die dò Aarwed iss geschaffd! Das dò hann isch gudd hingridd, dò kann mer nidd meggere driwwer!" Dòòdemid iss alles gesaad!

Wann mer äänem nidd glaabd, weiler allemò so e bissje flunggerd, iss mer dobbeld middem Wärdsche „sò" debei, weil mer denggd: „Demm dò glaab isch kää Word, kannem awwer es Geeschedääl nidd beweise." Dò saad mer gans kurds: „Sòsò!" Meischdens schbierd mer jò, wann ääner ääm hinners Lischd fiehre will. Dò saad mer gleisch: „Kumm mier nidd sooo!" Das „sooo" heischd danne: „Du bischd nidd hinne wie vòòre!"

So ebbes gridd mer schnell schbidds. „Sooo breischd mer ääm schunn gaar nidd dse kumme!"
Im Saarland holld mer „so" aach, wann mer ebbes fier Niggs hann will. Danne saad mer: „Mier hann bei Eisch jeddse gans vill kaaf, das dò grien mer danne awwer sooo!" Es Wärdsche „so" kann aach „naggisch" menne, wann ääner verdsähld: „Mier sinn aan de Boosdaalsee gefahr unn hann die Baadbuggs vergess, dò hammer uns geschdribbd unn sinn ääwe sooo ninngang!"

Rään in Boose

Gans dsaard
drobbe Drobbe
vun de Scheiwe
uffs Land
in de See.

Aam Enn
gans hinne
versaufe
die Bääm.

Kä Jachd
kä Mensch!

Mid all demm
Wasser elään
guggd
jeddse de See,
wierer dòò mòò
ferrdisch
gebbd.

Die Weihnaachd gudd iwwerschdehn!

Die Dseid vòòr der Weihnaachd waar frieher gans annerschd gewään: Sellemòòls hadd die Ooma middem Bläddsjebagge ausgangs Nowwember nò em Bääd-Daach aangefang. Middem Glään hadd mer e Gedischdsche gelehrd unn fier de Heilisch Òòmend die erschde Liedscher gesung. Òòmends hann die Kinner de Wunschdseddel fiers Grischkindsche geschrieb unn uff die Finschderbangg geleed. Unn wanns Grischkind naachds häämlisch verbeigeflòò kumm iss unn ne weggeholl hadd, hadds e Bläddsje uff die Finschderbangg geleed. Dòò hann die Kinner danne gewissd, dass sisch elään schummò de Dseddel gelohnd gehadd hadd.

Irjendwann in de Wuch vòòrem heilisch Òòmend iss mòòrjens es Wohndsimmer abgeschborr gewään unn jeeder iss nuur noch gans dussma erum gelaaf, fiers Grischkind nidd se schdeere. Nidd dasses weeschem Grach am Enn gleisch widder sem Finschder nauswiddschd! Wääs mers? In denne Daache sinn bei uns immer die ald Geschischdscher verdsehld genn, woo de Onggel Peeder mò durschs Schlisselloch ins Wohndsimmer geschbiddsd unn vum Grischkind Peffer in die Aue geblòòs gridd hadd. Der waar jò immer schun e Vòòrwiddsnaas gewään, awwer dasses Grischkindsche kää Schbass verschdehd, hädd mer jò im Lääwe nidd gedenggd! Dòò hadd mer sisch danne glään gehall unn hadd e Broggramm fier de Chrischdòòmend -wie alles ablaafe solld- gemach. Die Bescheererei iss dòò als leddschder Punggd aan die Reih kumm.

Heid genn käämeh so Schberrensjer gemach. Allgebodd im Sebdember kumme die Leebkuuche in die Geschäfder unn die Mussigg duddeld iwwerall, dass die Engelscher de liebschd wääs Godd woohin fliesche. Iwwers Jòhr grien die Kinner alles kaaf, was se hann wolle. Danne iss aan de Weihnaachd käämeh Iwwerraschung gudd genuch. Die Kinner schmigge de Baam, irjendwann iss Bescheererei unn danne iss ferdisch. Liedscher genn nuur noch uff der Dseedee vun irjendääm Kinnerkoor odder vum Fischer Helleene gesung, wann iwwerhaubd! Meeschlisch kännd aach sinn, dass mer uffem Schmaardfoon so vill Weihnaachdsliedscher druff hadd, die fier drei Weihnaachde hinnernanner lange dääde. Meischd laafd danne nääwens noch de Fernseher middem Film vum glääne Lord odder sunsch ebbes. Dedswische gebbd gudd gess unn hinnenòò saad die Ooma: „Soso, danne hann mier die dò Weihnaachd aach widder gudd rumbrung!"

Alles verschdruddeld

Kääner hadd se geruuf unn kääner will se hann. Se waarde, bis dass mer im Haus kää Muggs heerd unn dasses Middernaachd geschlaa hadd. Schwubbdiwubb widdsche se danne raus aus ihre Schlubbläscher: Glääne, huddselische Schlawwiener kumme aus alle Riddse unn geischdere erum. Ääner fleedsd sisch in mei Sessel, annere gnoddele aam Fernseh rum unn verdrähe woomeeschlisch die Broggramme. Hinnenòò laafe se dursch die Kisch unn wuhle de ganse Eisschrangg dursch.
Die fiere sisch naachds uff, wie wann se ebbes im Heisje dse melle hädde. Es iss jò nidd soo, dass isch kää Fòòds verschdehn! Awwer was dse weid gehd, gehd dse weid! Veleischd finnd mer de näggschde Mòòrje sei Brill nidd odder de linggse Schdrumb. Das mache die egsdra! Dòò gridd mer sei dunggle Gedangge: Isch gääd denne mò gäär e Gliddsje schdelle, dasse mò siehn wies soowas iss. Odder isch schdelle Falle uff, woo die Schnabb dsuugehd, wann se druffdabbe. Dò gääde se Aue mache, wann isch se verwiddsche unn drassele.
Die gläänschde Dreggsfingere sinn die freschde, geh' mer furd! Muschd nidd menne, isch dääds nidd merge, wann isch mòòrjens aan meim Schreibdisch hugge unn dò kää Schdifd

finne odder mei Ordner nidd in der Reih schdehn. Kann sinn, dass aach de Fernseh-Drigger verschdobbeld iss odder im Eisschrangg muss mer der Budder suuche.
Die schdelle die Schdiehl um, wies ne graad bassd. Aan der Heidsung drääe se die Wendiele bis hinnewidder unn aan meim Kombjuuder verschdruddele se die Daadeije. Dò hann isch wääs Godd wie lang dse schaffe, fier alles in Reih dse bringe. Die schdroomere dursch de Keller unn bediene sisch ausem Weinreggaal, woo isch eischendlisch ebbes bis Silweschder uffheewe wolld. Wann se mò ihr Tubbe hann, iss denne niggs heilisch. Isch hann se im Bligg unn binn hinner ne häär!
Irjend ebbes iss immer unn isch frööe Meins, ob Ääs es Kellerfinschder iwwer Naachd uffschdehn gelass hadd. Dò kumme noch die Meis unn Radde nin! Irjend ääner muss jò die Schuld grien! Awwer Meins saad dann noch: „Lass ne doch ihr Schbass, se hann jò sunschd niggs im Lääwe!" als wie wenn isch nidd die Aarwed all elään hädd mid demm Kuddelmuddel, denne woo se aangerischd hann. Näggschdmò schdell isch mier mò de Wegger. Dò kinne se ebbes erlääwe, die Schaffschuh-verschdobbler! Isch holl de groos Grimmes unn jääe all Lumbesäggel die Drebb nunner dser Dier naus. Die solle sisch figgs ausem Haus verdsieje, schneller als wie se ninkumm sinn!

Die leddschde Hòòr vum Jòhr!

„Wie isses gewään? Hanner gudd gefeierd? Waars Grischkindsche lieb gewään?" So fròòd mer in denne Daache, wann die Weihnaachd verbei unn de Silweschder schun so gudd wie dò iss. Es Jòhr gehd mid Rieseschridde se Enn unn mer bliggd vum Kallenner die leddschde Blädder. Gans kahl isser genn, niggs meh druff unn niggs meh draan! Wann die Weihnaachd erum unn de Silweschder noch nidd gans dò iss, saad mer im

Saarland, mer leid "dswische de Jòhre", aach wanns eischendlisch jò gaar kää Daache "dswische" de Jòhre gebbd.

Was hädd mer so gääre e weise Weihnaachd gehadd, awwer: Niggs iss gewään! Niddemò e paar Grimmel Schnee hadds genn. Unn die paar Daache im Nowwember, woos mòò so rischdisch gnaggskald gewään iss, die hadd mer schun längschd widder vergess. Wann de alsemò òòmends schbääd am Finschder schdehschd unn in die Naachd rausquqgschd, woos Bindfääde räänd unn de Schdurm dursch die Bisch peifd unn de Leid de Räänschirm linggs drääd, dòò gebbschde so e bissje gräädsisch, weil middem Wedder kää graad Fuhr dse fahre iss - dissmò nidd, leddschd Jòhr nidd, eischendlisch nie!

Dò dsiehd mer ääwe jeddse emòò de Schluss-Schdrisch unnerm alde Jòhr unn simmelierd, was mer im neie Jòhr alles annerschd mache gääd. Glaab mers, es kummd wies kummd unn gebbd aach allgebodd so geholl wies kummd. Verbresch der nidd sevill dei Kobb! Die meischde Vòòrsädds hasche schun im Feebruaar vergess. Unn iwwerhaubd: Die beschde Vòòrsädds halle – wanns hochkummd- vun mòrjens bis middaas.

So gehd in denne Daache es Jòhr gans schdill dse Enn unn rabbeld sisch devun. Unn in de leddschde Daache bliggd die Dseid vum Jòhr die leddschde Hòòr.

De Daach vòòrm Rischder

Unn òòmends schbääd machd sisch de Daach
gans leis dann uff sei leddschde Reis.
Er schleischd sisch furd vun Hie unn Dòò,
gebbd mied unn ald mid äänem Mòò,
fahrd langsam so uffs Abschdellgleis.

"Bischde e gudder Daach gewään?"
so gebbder dord gefròòd.
"Hadd sisch die Weld verännert heid,
waarschde e Daach mid gudder Dseid
iss irjendebbes gudd geròòd?"

Unn dòò vòòrm Rischder muss er saan:
"Gans weenisch hann isch gudd gemach.
Die Weld iss werglisch nimmeh glòòr
unn noch vill schlimmer wie sevòòr
Es Gudde iss jòò vill se schwach!"

"Mer dsängd erum unn machd gleisch Griesch.
Die Luffd iss aarisch digg.
De Dregg waggsd schneller wie de Schall,
De Mill laafd iwwer - iwwerall
unn Insischd hadd so weenisch Gligg!"

"De waarschd als Daach nidd gudd gewään,
faschd menn isch schunn: Es reischd!
Mach graadselääds dei Aue dsuu.
unn leeh disch figgs dser ledschde Ruh.
Isch genn da Weld e neijer Daach -
als leddschde Schangs - veleischd!"

De Daach vergehd unn hadd fier niggs gelääbd!

Na dann, Broschd Neijòhr!

Dissjòòr hann mier de Silweschder mò rischdisch gefeierd. Mer wääs jò nie, ob das in de näggschde Jòhre iwwerhaubd noch ebbes gebbd middem Jòhresweggsel. Wanns Gliema so wiedermachd, hammer mer ball aam Silweschder de Hoochsummer unn im Summer hugge mer im Kiehlhaus, weil mers drause vòòr Hidds nidd aushalle. Isch hann dsuu Meinem gesaad: Wer wääs wie alles kummd! Unn dòòdefòòr hammer die Nochbersch ingelaad unn midnanner es nei Jòhr ingedsähld. Geschoss hann mer jò nie, weil mier immer nuur es Feierwerg vun de annere Leid gugge. Warrum hädde mier das annersch mache solle? Wann die annere dissjòhr gaar kää Raggeede in die Lufd geschoss hädde, missde mier jò nidd demid aanfänge.
Allemò holld mer sich jeed Neijòhr ebbes vòòr. In e paar Minnudde gebbd dò meh verschbroch als wie mer innem ganse Lääwe halle kann. Meischd isses jò ebbes Grooses, weil de Silweschder gefiehld schunn wie e halwer Geburdsdaach durschgehn kinnd. „Ab mòòrje gebbd geschbaard!" saad manscher, der woo eischendlisch schunn vòòrgischder demid hädd aanfange solle. Veleischd will mer middem Raache uffheere. Das iss so ebbes, was vill Leid jeed Jòhr vòòrhann. Odder mer verschbreschd, meh fier die Gesundhääd duun se wolle.
Brääd genungg isse jò - die Brigg vun de gudde Vòòrsädds... awwer nidd besunnerschd lang! Kinnd aach sinn, dass mer im neie Jòhr woomeeschlisch die Tand Erna dreimò im Moonaad besuuche will, kann awwer aach sinn nidd graad so ofd! Aam Enn fròòd die noch, warrum mer schunn widder kumme? Die gans Weld kinnd mer redde, woovòòr, vun was unn vòòr wemm aach immer.
Muschd awwer nidd menne, dass dòòdenòò alles besser laafd. Ingehall genn die Vòòrsädds, wanns hoochkummd, nuur vun dswälf Uhr bis Middaach! Gans vòòrnehm ausgedriggd: Die

Halbwäärd-Dseid vun denne Vòòrsädds kannschde midder Schdobbuhr messe!
Dòòdefier holl isch mer immer nuur ebbes Gläänes vor, woo mer dengge kann, dass mers veleischd wirglisch schaffd. Kinnd sinn, dass mer nuur noch abbendsuu aam Daach uffs Schmaadsfoon guggd odder dass mer e guddes Buuch kaafd. Ob mers danne aach lääsd, schdehd uffem annere Bladd! Mer kinnds jò aach verschengge! Danne hädd mer de Vòòrsadds uffe Annerer abgeschoob - gaar kää so schleschd Iddee! Wann mers rischdisch holld: Vòòrsädds sinn leischd dse fasse unn schwäär dse halle! Bei uns hadd mer frieher gesaad: „E gudder Vòòrsadds iss wie e Päärd, woo mer ofd saddeld awwer selde reide duud."

Simmeliere unn fillesefiere

Wann mer dòòdemid aanfangd, danne machd mers im Saarland meischd ohne Fissemaddendscher. Mier kinne eischendlisch iwwer alles fillesefiere. Leid vun auswärds hanns nidd immer äänfach fier das dse kabbiere! Wie solld mer äänem ausem Reisch de „halwe Dobbelwegg" vergliggere? Was machd mer, wann ääner de Unnerschied dswischem „Schwengger" unnem „Schwengger" odder dswische „peedse" unn „peddse" nidd bekäbbd? Mier schwäddse bei uns so, dass sisch jeeder Saarlänner ebbes genau drunner unn hinnedraan vòòrschdelle kann. „Riddseraddserood", „grienbraun-brenselisch", „gwidde-gääl" odder „kollraaweschwaard" saad mer, fier iwwer die Faarwe nòòdsedengge.
Unn wann ääner wie e Laddserooner geschdribbd iss, heischds schummò, dasser die Buggs „hinnerschdvorderschd" aanhadd. Iwwer so ebbes kinnd mer denòò noch schdunnelang simmeliere. Beim Nòòdengge finnd mer kää Enn unn gebbd als e bissje wurres.

Ääner hadd mò verdsähld: „Die Daa dò waar de Dieda dò. Demm sei Aldi waar beim Aldi. Wie se dò dursch de Gang gang iss unn bei de Breedscher gesiehn hadd, dass all Wegg wegg waare, dò hadd se gedenggd: Wann die Wegg all all sinn, danne kaaf isch aach kään! Isch sinn jò soowwissoo graad aam Abholle!" Denòò hadd danne em Dieda sei Fraa Gloobabbier kaaf. Die Wuch devòòr waar näämlisch es Gloobabbier schdadd de Wegg wegg gewään! Kannschde mò siehn: Es gebbd niggs, wasses nidd gebbd unn es iss wies iss!
Wie misch de Dieda dsuu seim Geburdsdaach ingelaad hadd, hadder hinnenòò gegrummeld: „Wann isch genau wissd, dass de nidd kumme däädschd, kinndschde aach noch dei Fraa unn dei Kinner midbringe!" Mier sinn danne dsem Graddeliere hingang, dò hann isch im Schbass dsem Dieda gesaad: „Weeschem Korroona bleiwe mier nuur gans kurds bis de Vòòrleddschde gang iss!"
Dò hadd de Dieda gemennd: „Wer kummd, der kummd. Wer nidd kummd, breischd nidd dse gehn, wanner nidd kummd!" Isch dääd jò so ebbes eischendlisch nie saan, heegschdens kinnd ischs mò gesaad geheerd hann. Mer schdaund awwer schunn, was die Leid manschmò fier Haasegeschbräässche halle! Saarlänner wolle immer iwwerleeje, wie mer was mò mache kinnd. Dsuu seim Kumbel hadd de Dieda leddschd gesaad, irjendwann wäär Dsabbeduuschder. Er hädd jeddse sei Heisje vum Keller bis dsem Schbeischer gereimt unn wanner noch länger in Karrendään gehall gääb, gääder noch e Buuch schreiwe. Dòòdruff kinnd er ääner lasse! Muschd uffbasse, nidd dass däär noch ebbes iwwer disch schreibd, wääs mers?!

Woofier ebbes gudd sinn kann!

Gemäänerhann saad mer jò: Kää Loggdaun iss soo schleschd, als dasser nidd noch fier ebbes gudd wäär. Wann de misch fròòschd: Isch hädd es Korroona nidd gebreischd! Die leddschde Moonaade iss mansches ins Wasser gefall - Geburdsdaach, Kommenjoonsfeier, Ooschdere unn was nidd noch alles! Veleischd mergd mer awwer, wie wischdisch äärn jeddse e gläänes Schdaddkaffee iss, woodrin mer schummò huggd fier die Leid drause dse gugge. Meeschlisch aach, dass äärn das ään unn anner Loggaal gefähld hadd, woo mer mò gääre dsem Esse hingang wäär, awwer vun jedds uff sofford waars dsuugeschborr! Dò hadd jeeder dehemm gess unn es Kochbuuch vun der Ooma rausgeholl, fier dasses nidd dreimòò die Wuch Schbaggeddi mid rooder Sòòs genn hadd. Unn de Abwasch hinnenòò hadd mer selwer mache misse. Niggs dò mid Schniss abbuddse, bedsahle unn furd!
Mid äänem Mòò haschde aach geschbierd, wie wischdisch e Grens iss, woo mer durschfahre kann, wann mer in Franggreisch odder Luggsebursch mò gäär graad was inkaaf hädd. Ei das hadd mer jò gans vergess gehadd, wie se dòòmòòls in de fuchdsischer Jòhre beim Schmuggle mid Herdsbiwwere iwwer de Dsoll gefahr sinn. Bläddslisch waar se widder dò gewään – die Angschd vòòr der Grens. Im Fernseh kunnschde niggs meh gugge, all hann se nuur noch vum Korroona geschwäddsd unn jeeder iss nääwebei dsem Schbedsjallischd genn, was mer mache missd unn was needisch wäär unn iwwerhaubd.
Kännd sinn, dass die Leid jeddse bekäbbe, wie scheen es Teaader unn Kinno sinn kinnd, wann mer mò widder ninn dirfd. Daache schbääder waare annere dsem Demmenschdriere uff die Schdròòs gelaaf, weil se nidd geglaabd hann, dasses das Wieruss iwwerhaubd gebbd. Dò fròòd mer sisch, ob die, woo

wergdaachs fier die Rellischjoonsfreihääd Schilder hoochhalle, demmnäägschd jeeder Sunndaach in der Kirsch hugge.
Ums Dorf drumrum hadd mer aach neie Schbaddsierweesche gefunn. Unn die Ooma hadd dsem erschde Mòò es Schmaardfoon geholl unn iwwer Skeib schdunnelang middem Glään geschwäddsd, woo jeddse nidd dser Ooma gedirfd hadd. De Ooba hadd es Hoom-Bängging uffem Kombjuuder ingerlschd. Frieher hadder noch gesaad gehadd, dasser soo ebbes seilääbdaachs nidd mache gääd.
Inne paar Jòhr lache mer driwwer! Dòòdruff frei isch misch schunn jeddse, wann mier schbääder mò verdsähle: „Wääschde noch, wie mier dòòmòòls soo gääre ausgang wääre. Awwer mier sinn weeschem Korroona dehemm gebliebb unn es äänsische, was ausgang iss, waars Gloobabbier!"

Faasebòòdse

Mid Fraddse unn em Schiesgewehr,
so laafe se durschs Dorf.
Die Faasend gebbd laud ausgeruufd,
unn Guddsjer genn gewòrf.
Ann Diere schelle Kinner jedds
bis endlisch uffgemachd:
Die Kieschelscher eraus demidd,
mer peife uff die FaaseNaachd.
Drei Daach lang iss so Jachd.
Doch gehd der Schbuug aach figgs verbei,
iss Aschermiddwoch kumm.
Die Fraddse genn jedds ausgedsòò.
Nuur gebbds noch Leid, die sowiesoo
sinn nimmeh gans gescheid.
Se laafe dumm im ganse Jòhr
Verbòòdsd mid Masge rum.

Dòò Bischde Pladd!

Das Buch enthält eine Auswahl der Mundart-Kolumnen der Saarbrücker Zeitung, die in den Jahren 2005-2020 veröffentlicht wurden. Zusätzlich wurden diese Texte ergänzt durch Gedichte, die in der gleichen Zeit entstanden sind. Manche dieser Gedichte sind bisher noch nie in einem Buch veröffentlicht worden. Alle Siegertexte bei Mundartwettbewerben wurden ebenfalls in diese Sammlung aufgenommen.

Auszeichnungen
1. Preis Literaturwettbewerb des Landkreises Neunkirchen,
1. Preis, Sparte Literatur, Volksbank Friedrichsthal
mehrfach 1. Preis beim saarl. Mundartwettbewerb,
„Goldener Schnawwel" des Saarländischen Rundfunks,
mehrere Auszeichnungen beim Bockenheimer Mundartdichter-Wettstreit
1. Preis Mundart-Wettbewerb Dannstadter Höhe 2006
Kunstpreis des Stadtverbandes Saarbrücken, verliehen Nov.2006
Goldenes Ankerkreuz der Stadt Püttlingen für kulturelle Verdienste um seine Heimatstadt, verliehen im August 2008
Wolfgang A. Windecker-Preis für Lyrik 2013
Goldener Lautsprecher von SR3, Kategorie Lyrik, Bestes Mundartgedicht 2013
Silberner Wendalinus-Stein, Kategorie Kurztext, Saarländischer Mundartwettbewerb 2015

Aktuelle Veröffentlichungen

„Saarlandfarben"
(Edition Schaumberg)

„Das Saarlouiser Herz"
(Edition Schaumberg)

CD-Hörbücher
„Òòmends schbääd –
saarl. Nachtgedanken"
(Verlag Schneider-Wahl
St. Ingbert
(www.nachtgedanken-saarland.de)

„Saa, was de willschd" (PVS Edition Edition Heusweiler)
„Impressionen - z.B. Muggenbrunn" (Edition Bucherbach)
www.Libri.de; ISBN: 9783749409563

PRESSESTIMMEN

Ludwig Harig schrieb „Neben seinen Mundartgedichten überzeugen mich vor allem die Glossen, die sich, ins essayistische Gewand gekleidet, als handfeste Satiren auf die Landesart erweisen. Das wirkt inzwischen über die Landesgrenzen hinaus. Jedermann sei sein eigener König, sagt Georg Fox, er selbst möchte der Narr sein, der ihnen den Spiegel vorhält, ein shakespearscher, ein philosophischer Narr!"

Die Saarbrücker Zeitung über den Autor: „Fox versteht es wie kaum ein anderer, die Seele des Saarländers in hintersinnige Texte zu verpacken!"

„Das Saarland-zum Verlieben" lautet die Überschrift zu der Buchkritik von Oliver Schwambach: „Fox' neue literarische Rundreise durchs Land wirkt da wie ein Aufputschmittel für alle Saar-Betrübten. Ist das Buch doch die unbedingteste Liebeserklärung an dieses Land; zumindest unter den bekannten Druckwerken. ... „Was man jedem Kapitel anmerkt, ist der enorme Aufwand, mit dem der Autor das ihm eigentlich schon so vertraute Land nochmal durchstreift hat, um solche Saarland-Bilder malen und schreiben zu können. Facettenreich sind sie und oft auch schillernd, voller Feinheiten, die entdeckt werden wollen. Und wenn man genau hinschaut, spürt man auch, dezent, die Ironie, mit der er seine Worte würzt."

Dr. Thomas Trapp beurteilte im Wochenspiegel die Buchvorstellung der „Saarlandfarben": „An der Bildwand wurde ganz im Sinne des Buchtitels die vielfache Farbigkeit des Saarlandes vorgeführt, während Fox mit den Worten und Sätzen jonglierte gleich einem Magier, der an diesem Abend sich zum Ziel gesetzt hatte, sein Publikum zu verzaubern. In jede Seite dieses Buches hatte der Autor ein kleines, verschmitztes Lächeln einfließen lassen, das die Vorzüge des saarländischen Lebens apostrophierte."